Dans la même collection

Lettres d'Alger et de la Côte d'Azur,
Karl Marx
(traduites et présentées par Gilbert Badia)

Écrits communistes,
Léon Trotsky
(choisis et présentés par Jean-Jacques Marie)

Le Droit à la paresse,
Paul Lafargue
(préface de Fernandez Recatala)

La Révolution en chantant,
recueil
(choisi et présenté par Patricia Latour)

Autour d'Épicure,
(textes traduits du grec et présentés
par Philippe Paraire)

Le Manifeste du parti communiste,
Karl Marx-Friedrich Engels
(traduction de Laura Lafargue)

L'impérialisme, stade suprême du capitalisme,
Vladimir Illitch Lenine
(introduction par Georges Labica)

La Révolution russe,
Rosa Luxemburg
(traduit et présenté par Gilbert Badia)

La Question nationale et l'autonomie,
Rosa Luxemburg
(traduit et présenté par Claude Weil,
avec la participation de Bruno Drewski)

La Commune de Paris,
Karl Marx
(préface de Claude Willard)

Le Matérialisme historique et dialectique,
Joseph Staline
(préface de Denis Fernandez Recatala)

Trésor des moralistes du XVIIIe *siècle,*
Cyril Le Meur

Lettres choisies,
Rosa Luxembourg

Œuvres choisies,
Lucien
(texte présenté et traduit du grec par Jean Suret-Canale)

Salaires, prix et profits,
Karl Marx

Le procès de la colonisation française
et autres textes de jeunesse,
Nguyên Ai Quôc (Hô Chi Minh)
présentés par Alain Ruscio

Les auteurs de l'anthologie

Philippe Paraire est docteur en Philosophie. Il enseigne les Lettres classiques au Lycée Jean Renoir, à Bondy, en Seine-Saint-Denis.

L'Utopie verte, Écologie des riches, écologie des pauvres,
collection « Pluriel-Interventions », Hachette, 1992.
Les Noirs américains, généalogie d'une exclusion,
collection « Pluriel-Interventions », Hachette, 1993.
Le Village-monde et son château, essai contre le FMI, L'OMC et la Banque mondiale,
Le Temps des Cerises, 1995.
Michel Bakounine, Écrits libertaires,
Le Temps des Cerises, 1997.
Autour d'Épicure,
Le Temps des Cerises, 2000.

Michael Paraire est philosophe. Il est aussi responsable d'une société de distribution-diffusion de livres, *Le Collectif des Éditeurs Indépendants*, à Paris.

Vingt Philosophes pour le bac et après,
Le Temps des Cerises, 2002.
Femmes philosophes, femmes d'action,
Le Temps des Cerises, 2004.
Le manifeste de l'égalité,
Éditions Bérénice, 2005.
Encyclopédie de Philosophie sur Internet,
*http://www.*heraclitea.com.

Portraits à l'encre de Chine par Chloé Bensimhon.

6 avenue Édouard-Vaillant – 93500 Pantin
Tel : 01 49 42 99 11 – Fax : 01 49 42 99 68
courriel : contact@letempsdescerises.com

Pierre-Joseph Proudhon
Michel Bakounine
Pierre Kropotkine

La révolution libertaire

Textes choisis et présentés
par Philippe et Michael Paraire

LE TEMPS DES CERISES

Les deux communismes

Ce n'est pas parmi les prisonniers d'opinion que l'on trouvera les plus ardents soutiens de l'État fort. Quand on est persécuté pour ses idées ou son action politique, pour quelques lignes dans une brochure, pour la rédaction d'une affiche ou quelques phrases prononcées en public, quand on est dénoncé à la police par les partis religieux ou jeté au cachot pour avoir participé à un comité rebelle à l'occasion d'une révolution manquée, on ne peut aimer l'ordre étatique et clérical qui sert de rempart à la domination des riches sur les pauvres.

À eux trois, Proudhon, Bakounine et Kropotkine totalisent dix-sept années d'emprisonnement, dont onze de réclusion dans les cellules d'une forteresse militaire, sept ans d'assignation à résidence, soixante-dix ans d'exil volontaire à l'étranger pour raison de sécurité ; de très longues périodes d'existence clandestine sous de fausses identités ; une tentative d'assassinat par les services spéciaux de la police du tsar.

Mais les penseurs libertaires étaient d'authentiques révolutionnaires bien avant d'être persécutés ; l'emprisonnement, les dangers inhérents à la vie militante de leur époque n'ont fait que vérifier à leurs propres yeux la justesse de leurs analyses. Ce n'est donc pas exclusivement dans leur expérience personnelle qu'il faut chercher les raisons de leur engagement, pas plus que l'origine de leur théorie. Matérialistes par choix philosophique ou agnostiques déterminés, ennemis naturels, de ce fait, de la foi religieuse autant que de ses manifestations institutionnelles, ils étaient hostiles à toutes les formes hiérarchiques et inégalitaires de l'organisation des sociétés humaines. Proudhon,

Bakounine et Kropotkine, irréductibles détracteurs de la concentration des pouvoirs autant que de celle des richesses produites par le travail de tous, ont construit au XIXe siècle, dans des circonstances périlleuses au plan pratique et difficiles au plan théorique, un système complet d'explication du monde, une authentique idéologie libératrice et combattante : description économique sérieuse de l'essor du capitalisme qui se développait sous leurs yeux, réflexion sur la responsabilité de la religion dans la perpétuation du système de domination, dénonciation de l'omnipotence de l'État étayée sur une conception très argumentée de l'histoire sociale, philosophie pragmatique et matérialiste, résolument progressiste, appuyée sur les découvertes les plus récentes des sciences de la nature, vision morale des rapports humains à reconstruire et analyse originale de la place à accorder à la science dans la future société communiste libertaire.

Ce « programme » (Bakounine en a même fait le titre d'un de ses ouvrages), partagé depuis la fondation de la Première Internationale jusqu'en ce début de XXIe siècle par des millions de travailleurs et d'intellectuels en lutte, a imprégné le mouvement révolutionnaire mondial en grande profondeur grâce à la qualité de ses analyses et de ses propositions. Il représente *l'une des deux formes historiques qu'a prises le communisme*.

C'est vrai, les expériences politiques concrètes du communisme libertaire n'ont pas duré (la Commune de Paris, la guerre d'Espagne, les premiers moments de la Révolution Culturelle chinoise, les mouvements de contre-culture et la construction de formes alternatives de vie communautaire aux États-Unis et en Europe au cours des années 1960-70). Elles ont parfois été dévoyées et récupérées, au point de se transformer en leur contraire (La révolution mexicaine). Elles furent bien brèves à côté de la longévité des expériences du communisme autoritaire (l'URSS et le bloc de l'Est,

Cuba, le Vietnam, la Chine populaire), et de ses succès incontestables en matière d'organisation de soutien aux luttes anti-impérialistes de libération nationale.

Pourtant, c'est un fait : l'échec historique est commun aux deux communismes. Cela doit nous faire réfléchir. Une partie des vices profonds, consubstantiels aux réalisations politiques, économiques et culturelles du « communisme réel » avaient été prémonitoirement dénoncées, dès le XIXe siècle, par les penseurs libertaires. Parallèlement, les faiblesses des formes politiques fondées sur le modèle libertaire ont été critiquées par les communistes autoritaires (orthodoxes, prochinois ou trotskistes compris) d'une manière que l'on ne peut disqualifier d'un simple revers de main.

L'utilité politique du présent ouvrage, si elle existe, est dans sa situation : car le cadre de la reprise d'un dialogue constructif entre les deux communismes doit être défini et discuté. Au-delà des anathèmes et des ressentiments anciens, l'expérience actuelle concrète des luttes anticapitalistes dans le monde entier montre que les mouvements populaires se nourrissent fréquemment des analyses de classe et des formes d'organisation prônées par le communisme autoritaire, y compris sous ses formes castriste et maoïste en Amérique du Sud par exemple, ou trotskiste en Europe. Mais l'on peut observer au moins aussi souvent, particulièrement dans le cadre de mouvements paysans ou étudiants, l'emploi de stratégies antiautoritaires coopératives, antiétatiques, antimilitaristes, écologistes et antireligieuses qui relèvent plutôt de la mouvance libertaire. De manière quasi naturelle, partout des fronts s'ouvrent, dans lesquels les deux tendances font beaucoup mieux que coexister ; elles *coopèrent.*

Les anciennes scissions des internationales du XIXe-siècle, si coûteuses en espoirs envolés, en énergies volatilisées, et qui n'ont fait qu'accorder un trop long sursis au système de domination du capitalisme, doivent désormais être dépassées. La reprise d'un dialogue actif et efficace entre les deux tendances révolutionnaires du communisme est donc une des tâches de la période.

Donner à lire, et donc à comprendre : telle est l'optique dans laquelle se situe cet ouvrage. Manifester clairement ce dont beaucoup doutent, faute de les avoir lus : le caractère cohérent, construit et systématique de la pensée des trois théoriciens de la pensée libertaire, qui furent tous trois des hommes d'action.

Le système libertaire, même s'il demeure ouvert, s'appuie sur quatre piliers : l'***antithéologisme*** (terme conçu par Bakounine pour désigner la lutte contre la foi et la religion qui lui donne sa forme politique et sociale) ; l'***antiautoritarisme*** (qui comprend aussi, dans sa définition, la lutte contre le militarisme et pour l'abolition de l'appareil d'État) ; l'***anticentralisme*** (qui condamne toutes les formes de concentration et donc d'usurpation des pouvoirs) ; L'***anticapitalisme*** (qui propose la destruction de toutes les formes d'accumulation de richesses sur le mode capitalisé, et a fortiori monopoliste).

Présenté ainsi, textes à l'appui, le communisme libertaire apparaît comme un système complet d'explication et de critique, un programme composé de propositions sérieuses et concrètes.

En effet, la présentation thématique des extraits permet une lecture synoptique des trois auteurs sur chaque sujet abordé par eux. Elle met en évidence à la fois la concordance, la complémentarité de leurs analyses critiques et la cohérence de leurs propositions alternatives.

De cette relecture du système libertaire peut naître la possibilité d'une *reprise du dialogue entre les deux communismes,* sur la base de cet ancien mot d'ordre d'un mouvement anti-impérialiste uruguayen, les « Tupamaros » : « Les mots nous séparent, l'action nous unit ».

C'est à cette reconstruction de la pensée et de l'action révolutionnaires qu'appellent les auteurs du présent ouvrage.

Pierre-Joseph Proudhon (15 janvier 1809-19 janvier 1865)

1. Biographie de la misère

Écrire sur la pauvreté, l'étudier, la dénoncer, c'est plus souvent le fait des gens aisés que des foules démunies. Non que le peuple ait honte d'une misère dont il n'a pas toujours conscience. C'est qu'il manque de temps pour réfléchir sur elle : une personne dans la gêne consacre sa journée à trouver de quoi survivre ; la soirée ne peut se passer à trouver les causes de son infortune, ni à définir les réformes nécessaires à un changement salutaire. Ainsi Hugo, Marx, Voltaire et tant d'autres grands noms du changement social, dont ni l'efficacité personnelle au service de cette cause ni la sincérité ne sont diminuées par leur origine sociale très favorisée, furent des observateurs de la pauvreté. Mais la malédiction de la faim, la honte des vêtements défraîchis, la colère impuissante contre le patron qui vous opprime et vous injurie, ou encore l'analphabétisme dont même les plus fiers rougissent, ils ne les ont pas connus.

Proudhon, si.

Il est le fils aîné d'un couple d'ouvriers brasseurs de Besançon. Le père, dès la naissance de ce premier enfant, cherche à se mettre à son compte. C'est un rude travailleur, honnête et malchanceux en affaires. Sa petite entreprise de fabrication de tonneaux ne lui permet même pas de trouver les ressources nécessaires à la scolarisation de son fils, qui commence donc sa vie en la gagnant : de cinq à onze ans, il garde les vaches, aide au travail des champs, plantant, sarclant, récoltant, pour faire l'appoint du labeur de ses parents contraints de se louer occasionnellement comme ouvriers agricoles dans la campagne bisontine.

Mais l'enfant montre une intelligence vive et une curiosité insatiable. Ses parents décident alors de le faire entrer au collège après avoir obtenu pour lui une petite bourse d'études. Au milieu de tous ces fils de riches, le petit paysan analphabète refait tout son retard en un temps record. Il n'a pas de manuel. Qu'à cela ne tienne, il apprend par cœur le chapitre du jour sur celui de ses camarades juste avant d'entrer en classe. Bien qu'il soit souvent retenu par les travaux des champs ou les besoins de l'atelier de son père, le petit Pierre-Joseph Proudhon collectionne bientôt les Prix d'excellence en même temps qu'il concentre sur lui le mépris hautain des autres écoliers. Les assiettes sont bien vides à la maison, où les repas se font fréquemment au pain et à l'eau. De retour en classe, le ventre creux, le petit prodige nécessiteux voit des cancres bien nés se gaver de chocolat. Et ça l'énerve. Injustice supplémentaire, la famille ne trouve pas les moyens nécessaires à l'inscription de cet élève exceptionnel à l'examen du baccalauréat.

Proudhon devient alors typographe, à l'âge de dix-huit ans. Pendant six ans il va aller d'emploi en emploi, connaissant le sort de tout ouvrier provincial, au cours de son « tour de France », qui va le mener en Suisse, à Lyon, en Provence. Ses « études supérieures » se font au gré des livres qui lui tombent sous la main ; tout ce qu'il imprime, tout ce qu'il corrige, il s'en imprègne. Il apprend, seul et de manière désordonnée, sans aide extérieure, dans la paille des granges, sur le plancher des greniers, les paillasses des dortoirs ouvriers. Et, toujours, le pain et l'eau, l'injustice des salaires de misère, l'exploitation sordide et cynique des jeunes gens qui débutent, de ces apprentis qui font tout le travail, mais qu'on ne paie pas. Avec, en permanence, la menace d'une mention désagréable sur le livret d'ouvrier...

C'est donc bien *de l'intérieur de la pauvreté* que Proudhon, la trentaine atteinte, va synthétiser son expérience personnelle, ses analyses et ses lectures dans son célèbre mémoire sur la propriété. Il se sent prêt à combattre, avec en lui la force du savoir concret sur le sujet que l'on traite. Car de l'argent, Proudhon n'en aura jamais. Ni à ce moment, ni plus tard. Même marié, il ne disposera que de maigres ressources : une bourse gagnée à l'occasion d'un concours littéraire, une petite pension accordée par une académie de province bienveillante, quelques petits revenus de la vente de ses ouvrages. Éternellement mal logé, mal habillé, mal nourri, persécuté par la police et la justice, il ne put jamais faire carrière : plusieurs fois inculpé, parfois acquitté, deux fois incarcéré, fréquemment mis à l'amende, contraint à l'exil ou à la vie clandestine, il montre cependant le profil d'un lutteur irréductible et absolument incorruptible, bien loin des calomnies dont il fut la victime de son vivant même, jusqu'à nos jours.

On l'a accusé d'être un petit-bourgeois, c'était un ouvrier sous-payé. On a écrit qu'il était un intellectuel et un réformiste, alors que Proudhon fut un autodidacte sans aucun diplôme qui alla deux fois en prison, pour de longues années, sur l'accusation d'être un « ennemi de l'ordre social ». Certains lui reprochent d'être un esprit abstrait et fumeux, mais les comités insurrectionnels de 1848 et ceux de la Commune de Paris en 1871 appliquèrent parfois à la lettre ses recommandations en matière d'organisation et de gestion des ressources publiques.

Combattant désintéressé et dédaigneux des dangers encourus, Proudhon a tracé, au cours d'une vie difficile et épuisante, un chemin ardu et exemplaire qui mène à une révolution radicale et irréversible, celle de l'égalité politique et de la coopération mutuelle.

2. Le difficile métier de révolutionnaire

Il faut s'imaginer que dans les années 1840-42, au cours desquelles, avec ses deux premiers mémoires contre la propriété puis par son *Avertissement aux propriétaires,* il était devenu, selon le mot de Thiers, « l'auteur le plus honni et le plus haïssable de France », Proudhon fait figure de précurseur. Mais les cadres politiques ne sont guère définis. L'agitation politique est confuse. Les mouvements de protestation ont besoin de leaders et de théoriciens. À Paris va se concentrer, pour une quinzaine d'années, la fine fleur de l'opposition européenne radicale. Sans pour autant que les programmes soit encore clairs et établis, à cause de l'influence des premiers utopistes.

Perçu à contresens par la droite catholique, monarchiste, bourgeoise et propriétaire comme le successeur de Saint-Just et Robespierre, Proudhon est aussi dès cette époque considéré par les intellectuels républicains, romantiques et futurs socialistes, comme le meilleur et le plus ancien d'entre eux. Le jeune Marx lui-même le tenait en très haute estime, du moins au début de leurs relations, le décrivant comme « le penseur le plus hardi du socialisme français ». Car Proudhon, avec son fameux « Qu'est-ce que la propriété ? C'est le vol ! » de 1840 avait tenté de rassembler en une force militante tous les étudiants, penseurs et auteurs socialistes. Mais il était sorti horrifié de ses discussions avec les communistes autoritaires comme Étienne Cabet, Louis Blanc et Victor Considérant, sans oublier Karl Marx, alors en exil à Paris. Ses contacts avec Hugo ou George Sand furent meilleurs. Mais Proudhon, venu à la capitale pour progresser, préféra la compagnie du socialiste allemand Karl Grün qui lui fit connaître Kant, Fichte, Schelling et surtout Hegel. Spontanément, l'ouvrier typographe autodidacte se méfiait de tous ces rebelles fortunés et critiquait rudement aussi bien les programmes de réforme charitable de Lamennais que les visions étatistes des utopistes de salon.

Directement issu de la classe ouvrière et paysanne, Proudhon sentait bien que les travailleurs d'Europe rêvaient tous d'un petit lopin ou d'une petite échoppe. C'est pourquoi il misait bien plus sur une société frugale mais égalitaire, non répressive, dans laquelle aucune autorité ne viendrait cautionner l'exploitation des vrais travailleurs, plutôt que sur une construction complexe et centralisée dont le visage dictatorial s'était déjà montré sous la Révolution et l'Empire.

Car dans les années 1840 la misère urbaine et rurale est telle que le projet proudhonien d'abolition du privilège de la propriété (intérêt du crédit, rente capitaliste, loyers d'habitation et fermage des terres) semble le plus adapté à la situation. Quant à la répression policière, elle est si universellement honnie aussi bien par les intellectuels, les artisans et les ouvriers d'usine et des champs que la proposition d'abolir la puissance centralisée étatique ne peut que recueillir un franc succès.

Célèbre pour ses ouvrages, mais aussi plus encore dans le petit peuple parisien pour ses articles, ses brochures, ses prises de parole dans les réunions républicaines, Proudhon est immédiatement pressenti par les comités révolutionnaires durant le soulèvement de février 1848. Il rédige le premier placard d'appel à la destruction de la monarchie, qui fut affiché dans tout Paris :

« Citoyens, Louis-Philippe vous fait assassiner comme Charles X. Qu'il aille rejoindre Charles X ! »

Alors qu'il tient séance avec un comité insurrectionnel de quartier, Proudhon entend les premières salves de la fusillade. Peu après il est au travail avec les émeutiers, dépavant le boulevard Bonne-Nouvelle, pour aider à la construction d'une barricade. Sans quitter son légendaire chapeau à large bord de paysan bisontin, connu dans toute la ville, il saisit une cognée et abat un arbre, indiquant aux citadins médusés le meilleur sens de la coupe…

En ces temps troublés, de la barricade à la députation il n'y a qu'un pas. Plébiscité par les comités, élu sans autre étiquette que celle « d'ennemi de la propriété et ami de l'égalité » il va conforter son image de révolutionnaire radical en cherchant à faire voter une loi remettant en cause la légitimité du crédit à intérêt, de la rente, et même des loyers. Cette proposition ayant été repoussée par 682 voix contre 2, il décide alors de se concentrer sur le journalisme politique.

Ses pamphlets contre le Prince-Président, futur Napoléon III, sont si violents que son journal, *Le Représentant du peuple* est interdit. Il reparaît aussitôt sous une autre appellation, *Le Peuple,* nouvelle interdiction. Il devient alors *La Voix du Peuple.* Nous sommes en 1849.

Mis en accusation de manière cette fois beaucoup plus dangereuse que huit ans plus tôt (pour ses mémoires contre la propriété et les propriétaires), Proudhon s'enfuit en Belgique, puis revient clandestinement à Paris pour réorganiser les comités républicains décimés par les rafles policières. Reconnu, trahi, jugé hâtivement et condamné, il commence immédiatement une longue incarcération de trois ans. Au gré des transferts d'une maison d'arrêt à l'autre, il va retrouver à Doullens, à Bourges, à la Conciergerie, d'autres prisonniers célèbres : Blanqui, Barbès, Raspail. Ramené ensuite à la prison Sainte-Pélagie, spécialisée dans la détention des prisonniers politiques, Proudhon radicalise ses positions : « Notre idée de l'anarchie est lancée ; le non-gouvernement grandit, comme jadis la non-propriété ». Mis parfois au secret, il parvient à faire passer ses articles à *La Voix du Peuple* en les plaçant dans une boite de métal suspendue à un fil, qu'un autre détenu saisit à travers une fenêtre cassée…

Dès sa libération, il reprend immédiatement son activité subversive, vivant de maigres droits d'auteur. Les quinze années qui le séparent de son décès seront faites d'autres inculpations, d'autres procès, d'autres fuites (en Belgique, où il passera les années 1858 et 1859), mais aussi d'autres acquittements, d'autres remises de peine. Écrasé par le travail personnel, la vie clandestine, les réunions, les privations, les deuils, il va consacrer les dix dernières années de sa vie à la composition d'œuvres maîtresses, récapitulant l'essentiel de son système de pensée, afin de recomposer une théorie cohérente pour la postérité. C'est en 1865 qu'il meurt des suites d'une affection pulmonaire contractée dans les cellules humides des maisons d'arrêt, quinze ans plus tôt. En rangeant ses notes de travail, sa famille découvre qu'il menait de front la préparation et la rédaction de quatorze ouvrages.

Alors que le cortège funèbre, composé d'une importante procession silencieuse d'ouvriers parisiens, croise un régiment d'infanterie défilant sur la rue de Passy, la foule proteste et exige que la fanfare cesse de jouer. Le colonel se rebiffe, mais, spontanément, les hommes de troupe se mettent au garde à vous, les tambours se taisent. Pour éviter tout incident, le colonel honore alors, épée levée, le passage du corbillard qui reprend lentement la direction du cimetière de Passy.

3. Quels textes de Proudhon faut-il lire aujourd'hui ?

C'est en 1867, deux ans après la mort de Proudhon, que le mouvement socialiste français, qui comprenait dans ses rangs un très grand nombre d'anarchistes proudhoniens, commença à procéder à l'édition de la totalité de ses œuvres. Malgré leur nombre considérable, on n'eut guère de mal à rassembler les textes célèbres qui étaient répandus largement dans le public. Puis on réunit les brochures militantes, les articles de presse, les manuscrits inédits, les notes, les carnets ; la correspondance à elle seule occupa quatorze volumes. Enfin, entre 1875 et 1910, plus d'une dizaine de manuscrits inédits presque entiers ou tout à fait terminés furent retrouvés et publiés, ainsi que des dizaines d'articles à demi rédigés. L'ensemble ayant été écrit ou préparé tout au long de sa vie. À la veille de la Première Guerre mondiale, l'œuvre de Proudhon faisait jeu égal avec celle de Victor Hugo, aussi bien en terme de notoriété que de volume, avec cette différence que de très nombreux textes de Proudhon n'avaient pas été publiés de son vivant.

Cela pose un sérieux problème, auquel l'auteur lui même avait répondu dès 1862 tout d'abord, en reniant un certain nombre d'œuvres de jeunesse et d'autres ouvrages plus récents. Par cette autocensure volontaire, il voulut montrer que certains titres ne devaient pas figurer dans la liste officielle de ses œuvres. Proudhon était conscient du caractère chaotique de sa formation, et donc de son évolution, qu'il attribuait à son autodidactisme. Car ce souci de « faire le tri » l'habita toute sa vie : il avait évité de publier des livres comme *La Pornocratie, Conclusions sur la vie de Jésus, Les grandes figures romantiques, Napoléon 1er*, ou *Amour et mariage*. Il avait aussi renié certaines lettres, certains chapitres parfois, les considérant comme le fait d'un « homme affaibli » ou « rendu naïf par la souffrance et le malheur ».

Par ailleurs, il n'ignorait pas qu'un certain nombre de ses textes, marqués par les nécessités du combat politique et de la polémique plus que par celles de la construction logique, n'étaient pas à la hauteur des analyses qu'il était capable de produire à sa maturité.

C'est pourquoi l'étude de la pensée de Proudhon ne peut se faire sérieusement en prenant appui sur des textes qu'il n'a pas jugé bon de mettre de son vivant à la disposition du public.

Car lire *tout* Proudhon sans distinguer les œuvres entre elles, ce n'est pas le comprendre. Cet homme semble en effet avoir conçu l'incroyable projet d'écrire une encyclopédie à lui tout seul : Linguistique, psychologie, histoire des sciences et des religions, morale, histoire sociale, économie politique, philosophie politique, le champ entier de la connaissance est presque couvert. Il n'est pas raisonnable d'exiger un sans-faute pour un exercice à ce point pluridisciplinaire.

Plutôt que d'attaquer Proudhon sur des écrits incomplets ou posthumes dont on ne peut être sûr qu'il désirait les voir publier, mieux vaut s'intéresser *à ceux qu'il reconnut clairement et fièrement comme siens*. De la même manière qu'un écolier, au moment de passer dans la classe supérieure, demande légitimement à être jugé sur son niveau de fin d'année et non sur les errements de son premier trimestre, de même nous devons accorder à Proudhon le droit d'être lu et compris à travers les plus aboutis de ses textes, qui furent pour la plupart préparés, conçus, écrits et publiés au cours des dix dernières années de sa vie. Si les extraits présentés ici sont donc plus souvent tirés de ses derniers textes, c'est pour donner à lire la cohérence de son système, au moment où l'évolution de sa pensée l'a amené à son niveau le plus élevé. On rendra ainsi service à cet auteur. Certains reproches tomberont alors dans un oubli aussi total que les calomnies qui depuis les origines ont littéralement pollué l'examen sérieux et la connaissance de la pensée de Proudhon.

4. Un auteur effacé de la mémoire française

On dit souvent de certains auteurs, qui disparaissent lentement du souvenir des lecteurs, des professeurs, des chercheurs, des critiques, qu'ils sont dans leur Purgatoire. Proudhon, lui, est dans son Enfer. L'importance de son œuvre est presque totalement oubliée.

Avant la Seconde Guerre mondiale, il y avait en France des dizaines de rues « Proudhon ». Il en reste très peu : à peine six ou sept pour l'ensemble des communes de la région parisienne, par exemple. La plupart de ces artères furent débaptisées sous l'Occupation, mais après la Libération ce mouvement s'est poursuivi : on a donc, pour des raisons alphabétiques, désormais des rues « du Progrès », des avenues « de Provence », selon la couleur politique des municipalités concernées.

Or, il y a moins de cent ans, *L'Encyclopédie du XXe siècle* consacrait à Pierre-Joseph Proudhon quatre pages pleines. Qualifié à cette époque de « père du socialisme français », mais aussi de « plus grand philosophe français après Rousseau », ou encore de « plus éminent penseur du XIXe siècle français », Proudhon était reconnu pour l'ampleur de son œuvre, la qualité et l'originalité de ses analyses, la sincérité de son engagement. *Que s'est il donc passé ?*

C'est un fait : Proudhon a été victime d'une tentative réussie d'effacement de la mémoire culturelle et politique de notre pays.

Lorsqu'au début du XXe siècle se constitue la Section Française de l'Internationale Ouvrière, le mouvement progressiste français se partage entre une tendance *socialiste parlementariste d'obédience marxiste* (proche des mouvances de Lassalle et Kautsky en Allemagne) et une tendance *libertaire activiste* comprenant des socialistes révolutionnaires, des blanquistes, et des anarchistes proudhoniens et bakouninistes, fédéralistes et autogestionnaires.

Après avoir réussi leur unification, ces deux tendances vont partir à l'assaut des municipalités et de la députation. Pour toutes les deux, Proudhon reste une référence obligée. Des orateurs aussi divers que Varlin, Jaurès, Guesde et Sorel, malgré leurs divergences, lui rendent hommage à chaque détour de phrase. Il faudra attendre 1920 et le Congrès de Tours pour que la montée de l'influence léniniste dans le mouvement ouvrier français opère une irréparable rupture entre révolutionnaires bolcheviques et communistes libertaires. La Guerre d'Espagne, le Front populaire dans le courant des années 30 consommeront un divorce définitif, aggravé par les anathèmes staliniens, auxquels les anarchistes répondront par des textes non moins polémiques. C'en était fini de l'unité.

La période de l'Occupation fournit à la droite catholique française l'occasion de lancer le mouvement d'effacement révisionniste de Proudhon, cet auteur honni, ennemi de la propriété et de l'Église. Les bibliothèques municipales sont purgées, les rues débaptisées. Les libraires sont invités à laisser Proudhon à la cave. Après la Libération, les communistes, très puissants aussi bien à l'échelon local qu'à l'Assemblée, parachèvent l'opération. Les anarchistes n'ayant pas été capables de valoriser leur rôle dans la résistance à l'occupant (pourtant les anciens de l'Espagne n'ont économisé ni leurs efforts ni leur esprit de sacrifice), ils sont politiquement affaiblis. Leur tactique désormais presque totalement fondée sur l'antiélectoralisme va les exclure de la gestion des municipalités. Alors que les rues « Jean-Jaurès » et même « Lénine » fleurissent, les rues « Proudhon » disparaissent.

Par ailleurs, Proudhon est déconsidéré par quelques uns de ses textes, politiquement très suspects, mis à jour par les intellectuels communistes hostiles à cet auteur : ainsi, par exemple, il est notoire que Proudhon se méfiait de ce qu'il appelait la « tendance naturellement conservatrice » des femmes. Il était pour cette raison résolument opposé à l'idée de leur accorder le droit de vote. Quelques-uns de ses ouvrages (pour certains publiés après sa mort, notons-le) sont imprégnés de ce sexisme vulgaire si répandu à son époque. Jeannette Vermersch éreinte Proudhon, tout comme Simone de Beauvoir et les intellectuelles féministes de Saint-Germain-des-prés. Elles n'ont pas tort. Mais pourquoi garder le silence sur Rousseau, qui conseillait à tout homme de prendre pour épouse une femme idiote, afin d'être tranquille, ou sur Marx, qui en bon bourgeois, avait pour maîtresse la petite bonne du sixième étage, ou sur Voltaire dont les vieux jours furent divertis, au vu de tous, par une jeune gouvernante appointée qu'il appelait « Madame ma nièce » ?

Mais admettons-le, concernant Proudhon, il y a encore pire : afin de parachever le travail de disqualification de sa pensée, les communistes français sont invités par la « Pravda » à mettre sous les yeux de leurs lecteurs, au sortir de la guerre et de l'holocauste perpétré par les nazis, les anathèmes antisémites qui défigurent notamment certains passages des *Carnets* entre 1847 et 1848. En vérité, il n'y avait là rien encore de bien original à son époque : car la confusion xénophobe et polémique « Rotschild/le Grand Capital », d'ailleurs exploitée jusqu'en Union soviétique au moment des purges antijuives, est une bévue ancienne – et très partagée par la gauche anticapitaliste depuis le XIXe siècle. Bakounine ne fit guère mieux dans ce domaine. C'est malheureux.

Mais on aurait tout de même apprécié, pour être à la fois juste et complet, que les pamphlétaires antiproudhoniens n'oublient pas de citer certains passages inexcusables de Hugo dans *Les Châtiments*, de Flaubert dans *Voyage en Orient* ou de Baudelaire dans *Fusées* – jamais incriminés – ou mieux encore qu'ils aient tenté de rendre compte sérieusement des textes peu ambigus de Karl Marx sur ses ex-corréligionnaires dans *La Question juive*, la jeunesse n'excusant pas tout...

Ne cachons aucune pièce à conviction, mais cessons les faux procès qui ont effacé un grand penseur et un grand combattant de la mémoire des intellectuels comme de celle des travailleurs en lutte dans notre pays. Car la construction théorique imaginée par Proudhon est complexe et rigoureuse. Ne la laissons pas jeter au feu des autodafés, quel que soit l'homme de religion qui craque l'allumette de ce brasier contre révolutionnaire.

5. L'apport théorique de Proudhon

Si la vie de Proudhon fut celle d'un révolutionnaire, son œuvre philosophique a également révolutionné la pensée de son temps. En effet, quel que soit le domaine de la connaissance qu'il aborde, politique, économique, sociologique, juridique, historique, théologique, l'auteur de *La Philosophie de la misère* a élaboré des concepts et développé des théories qui ont marqué de manière décisive l'histoire de la pensée progressiste. Ainsi dès *Qu'est ce que la propriété ?* (1840), qui contient la célèbre formule « la propriété c'est le vol », il constitue sa théorie de la « force collective » des travailleurs dont le produit est volé par l'employeur, ouvrant ainsi du même coup la voie à la théorie de l'extorsion de la plus-value élaborée par Marx dans *Le Capital.* De même dans cet ouvrage, il construit le concept de « socialisme scientifique » qu'il abandonnera par la suite mais dont on sait quelle importance il aura dans la pensée marxiste. Enfin c'est dans ce texte qu'il met en évidence les contradictions internes du système propriétaire et conclut à son impossibilité, préfigurant ainsi les analyses de Marx sur les contradictions internes du système capitaliste (qui devaient conduire selon lui à son effondrement inévitable). Ce n'est donc pas par hasard que l'auteur de *La Sainte famille* (1845) salue la première œuvre de Proudhon comme « un manuel scientifique du prolétariat français ».

Mais la trace laissée par Proudhon dans la pensée révolutionnaire ne s'arrête pas là. Avec *De la création de l'Ordre dans l'humanité* (1843), il place l'économie au centre des sciences sociales, en fait la science première, celle par laquelle doit passer toute étude révolutionnaire constructive. Il dépasse ainsi Auguste Comte qui voyait dans la seule sociologie la science reine et annonce l'importance que prendra dans la pensée de Marx l'économie politique. Même son *Système des contradictions économiques ou philosophie de la misère* (1846), qui occasionnera une rupture définitive avec l'auteur de *L'Idéologie allemande*, a laissé des traces profondes dans la pensée sociale. Avec la distance du temps sa critique virulente du communisme autoritaire y apparaît prémonitoire et même si cet ouvrage contient un certain nombre d'imperfections, on ne peut qu'être impressionné par la somme de savoir qu'il recèle dans le domaine économique, politique et social. Enfin n'oublions pas que Proudhon propose en matière économique une nouvelle forme de mutualisme, ce type d'organisation où les individus et les forces collectives sont les garants les uns des autres d'un échange juste et réciproque. Ainsi il tenta de mettre sur pied le premier projet de banque de crédit mutuel où le prêt entre sociétaires se faisait à taux zéro. Dans son *Solution du problème social* (1849) et son *Idée générale de la révolution au XIXe siècle* (1851), il détaille très précisément le projet économique de sa banque, fondée sur l'idée d'un crédit sans intérêt, garanti par l'apport mutuel des souscripteurs. Proudhon aura de plus marqué de manière indélébile l'histoire de l'antithéologisme avec son *De la Justice dans la Révolution et dans l'Église* (1858), véritable contre-histoire du dogme chrétien, somme de la pensée anticléricale, dont l'importance fut telle que les philosophes, les théologiens et les économistes de l'époque tels L'abbé Lenoir, Charles Renouvier, Léon Walras, Frédéric Le Play, l'étudièrent et voulurent y répondre. Tous les révolutionnaires français et russes de quelque bord qu'ils soient puisaient également dans ce maître ouvrage la matière de leurs développements critiques à l'égard de la religion (comme l'exemple de la pensée de Bakounine en cette matière le montre). On a un peu trop oublié, sous ce rapport, que l'anticléricalisme en France et en Europe ne repose pas exclusivement sur les philosophes des Lumières, Voltaire, Diderot, d'Holbach, La Mettrie, Helvétius mais qu'ils eurent un brillant continuateur en la personne de Proudhon. Par la force de son érudition et de sa critique, *De la Justice dans la Révolution et dans l'Église* peut être considéré comme l'ouvrage sans lequel l'antithéologisme n'aurait pas eu la destinée heureuse qu'il eut dans la France et l'Europe des révolutions au XIXe et au XXe siècle.

Enfin Proudhon a légué au camp révolutionnaire l'idée fédéraliste dans *Du Principe fédératif et de la nécessité de reconstruire le parti de la révolution* (1863), qui constitue, pour employer le vocabulaire de Marx, la superstructure politique, le reflet de l'infrastructure économique constituée par le système mutualiste. L'apport de Proudhon à cet égard est si important qu'on verra aussi bien les révolutionnaires socialistes que les tenants de la bourgeoisie européenne s'en réclamer. Sous ce double rapport notons que Rosa Luxemburg dans *La Question nationale et l'autonomie*, aussi bien que Lénine à travers l'expérience de L'URSS, seront obligés de tenir compte de l'idée fédéraliste (même si ce dernier s'en défiera et finalement préférera la structure de l'État central autoritaire, avec les conséquences historiques que l'on sait). De même, ceux qui ont construit l'Europe moderne se sont inspirés de l'idée fédéraliste proudhonienne en la travestissant : pour eux le pouvoir vient d'en haut, d'une commission toute puissante, autoritaire, tandis que dans l'idée de Proudhon le pouvoir vient d'en bas, de la fédération des communes libres et de la fédération agricole-industrielle qu'il évoque dans un ouvrage paru quelques mois après sa mort, *De la capacité politique des classes ouvrières* (1865).

Incontournable, la figure de Proudhon aura été le catalyseur de la colère des masses opprimées. Il aura par la hardiesse de ses théories, donné à toute une génération de jeunes gens des armes pour combattre le dogmatisme sous quelque forme et en quelque matière qu'il se présente. Des hommes comme Jaurès, Sorel, Pelloutier ont trouvé en Proudhon la source de leur engagement et de leurs théories les plus profondes, l'évolutionnisme révolutionnaire pour le premier, l'anarcho-syndicalisme pour le deuxième, l'idée des bourses du travail pour le troisième. À travers eux et bien d'autres encore, c'est tout le mouvement social révolutionnaire qui est en dette à l'égard de celui qui fut à la philosophie française du XIXe siècle ce que Hugo fut à la littérature, comme le prouve l'abondance de sa correspondance et de ses polémiques avec tous les intellectuels, savants, hommes politiques de son temps.

Cet auteur, qui fut le plus brillant théoricien du socialisme révolutionnaire et de l'anarchisme en France, mérite donc qu'on s'intéresse à sa pensée sans la travestir, en cette période si difficile où le camp progressiste manque cruellement de ce que Proudhon aurait appelé une Idée, c'est-à-dire d'un véritable programme alternatif à opposer aux puissances triomphantes de la réaction, au néo-césarisme et au grand capital.

Michel Bakounine (8 mai 1814- 1er juillet 1876)

1. La vie aventureuse d'un activiste révolutionnaire

On ne trouve plus guère à lire de biographie de Bakounine. Les dictionnaires courants sont bien rapides à décrire une vie aussi active, et les encyclopédies privilégient la description du « système » bakouninien, en mettant en valeur ses imperfections, tout en oubliant les conditions concrètes dans lesquelles celui-ci fut élaboré. Une remise en place rapide des événements qui marquèrent la vie de cet activiste, partout proscrit et recherché par les polices des plus grandes puissances européennes de cette époque, peut permettre sans doute de redessiner le profil d'un militant courageux et déterminé, un de ces hommes désintéressés et sincères qui se mirent corps et âme au service du mouvement ouvrier naissant.

Michel Bakounine est né en 1814 à Priamoukino, dans une famille de petite noblesse à la fortune déclinante, mais qui disposait tout de même de plus de 500 serfs sur ces terres, à mi-chemin entre Moscou et Saint-Pétersbourg. Tout naturellement ce jeune nobliau provincial est envoyé par son père à l'école d'artillerie de la capitale, dès l'âge de 14 ans.

Contrairement à Proudhon et Kropotkine, dont la maturation théorique et l'entrée dans l'action révolutionnaire furent progressives, et même parfois tardives, il semble que Bakounine ait plongé quasi immédiatement dans la rébellion. Pour des raisons personnelles difficiles à élucider (car il n'a guère laissé de confidences dans sa correspondance, ni rédigé ses mémoires) et qui tiennent autant à ses relations perturbées avec sa famille qu'à un vif sentiment d'écœurement et de culpabilité à propos du sort réservé aux serfs russes et polonais, Bakounine est entré en rupture et a adopté une conduite radicale dès qu'il atteignit l'âge d'homme. En effet, à vingt-et-un ans à peine, devenu officier du tsar, Bakounine déserte, puis, après un bref séjour à Moscou, part pour Berlin, afin de devenir professeur de philosophie, au grand désespoir de son père. Là, il rencontre la pensée de Hegel, plus particulièrement celle du groupe dit des « hégéliens de gauche », et tente de mettre en forme sa rébellion en participant à de nombreuses réunions d'étudiants contestataires. Surveillé par la police prussienne, déchu par la Russie de ses titres nobiliaires, il s'enfuit alors en Suisse, à Zurich, où il cherche à mettre en cohérence son christianisme radical et égalitaire avec la pensée des premiers socialistes utopiques. Mais les services secrets russes l'ont vite repéré et une fuite à Paris s'impose.

Il y rencontre le jeune Marx et toute l'intelligentsia française d'opposition : chrétiens progressistes comme George Sand ou Lamennais, utopistes comme Louis Blanc et Victor Considérant, socialistes libertaires comme Proudhon, avec lequel il se liera d'une amitié profonde et qui aura sur sa vision du monde une influence décisive... À cause aussi de ses rapports étroits avec les adeptes de Blanqui, Bakounine est rapidement catalogué comme révolutionnaire dangereux et doit dès 1847 s'exiler en Belgique, où il retrouve Karl Marx, réfugié lui aussi, au moment même où celui-ci compose avec son ami Engels le fameux *Manifeste*.

Partout en Europe la révolte gronde : Bakounine, pressentant des événements importants, revient clandestinement à Paris et assiste en 1848 à la chute de la monarchie et à la naissance de la Seconde République. Pourtant la situation lui paraît plus mûre en Bohème. Il échappe donc à la répression à Paris et parvient à Prague, où il participe activement aux combats de rue. L'échec des révolutionnaires panslavistes tchèques le pousse à fuir en Allemagne, en 1849, où la Saxe s'embrase : l'insurrection fait rage à Dresde. Membre du collectif rebelle qui s'empare de la mairie de la ville, il est rapidement capturé, condamné à mort et emprisonné dans plusieurs forteresses parmi les plus sévères de l'époque : Königstein, Prague et Olmutz, en attendant son extradition vers la Russie, qui le réclame. Livré aux Russes en 1851, il échappe ainsi à sa condamnation à mort par les autrichiens.

Michel Bakounine entre alors en cellule de réclusion à la forteresse Pierre et Paul, où il sera victime de malnutrition et d' une avitaminose scorbutique qui lui fait perdre ses dents. Il résistera durant six ans à la torture physique et morale de l'isolement total. Mais au cours de la dernière année, sentant ses forces le quitter, il accepte tactiquement de simuler le repentir, par une longue lettre de demande de pardon au tsar Nicolas 1er. Son successeur Alexandre II commuera sa peine en déportation en Sibérie. Après de longues années d'isolement dans les geôles d'Europe centrale et de Russie, Bakounine sort affaibli aussi bien au plan de sa santé physique qu'idéologiquement ; il doute de la capacité des mouvement populaires à l'emporter sur des États qui sont devenus policiers pour répondre à la montée en puissance des luttes ouvrières.

Car depuis 1849, il a été coupé par la réclusion de la réalité des situations politiques en Europe occidentale. Exilé en Sibérie, assigné à résidence avec un petit emploi administratif, il se marie et tente peut-être de tout oublier de son passé militant. Son système philosophique s'est formé dans l'adversité et la solitude.

Bakounine a tout à fait perdu la foi et son athéisme est devenu désormais matérialiste. Son anticléricalisme extrêmement virulent l'exclut des cercles chrétiens progressistes locaux et son expérience des tribunaux et de la prison a trempé une haine définitive de l'État, quelle que soit sa forme, ce qui l'éloigne des conceptions les plus généralement répandues dans les milieux socialistes, influencés par le marxisme.

Désormais, Bakounine a ancré en lui la certitude que seules des actions minoritaires menées par des hommes triés sur le volet, à la détermination inébranlable, peuvent frapper jusqu'au cœur et à la tête de l'État. Puisque le mouvement populaire n'a pas su se structurer malgré les efforts des associations ouvrières naissantes, la révolution devra être dirigée par de petits groupes de conspirateurs préparant dans le secret une série d'attentats simultanés. Une fois les fondements policiers, administratifs, judiciaires et bancaires détruits, tout pouvoir politique ayant été réduit à néant, les masses populaires sauront trouver des formes locales et démocratiques de gouvernement. C'est ainsi que selon lui l'État pourra être « aboli », et les classes « égalisées » : par une insurrection générale.

Lorsqu'en octobre 1861, treize ans après sa capture à Dresde, Bakounine s'évade en se glissant sur un navire américain reliant la Sibérie orientale au Japon, c'est un anarchiste irréductible qui revient sur le devant de la scène européenne des luttes ouvrières, avec un système largement inspiré de Proudhon, désormais fondé sur *quatre concepts clés qui demeureront la base théorique du socialisme libertaire* pour plusieurs dizaines d'années *: antithéologisme, antiautoritarisme, anticentralisme et anticapitalisme.*

Bakounine arrive donc à Londres après deux escales à San Francisco et New York. Il retrouve à nouveau Karl Marx et loge chez un vieil ami, Herzen. Immédiatement, dans les réunions d'opposants où il fait figure de revenant (car beaucoup le croyaient mort ou encore au secret dans les prisons du tsar), il se heurte rapidement aux milieux socialistes londoniens, sur lesquels la personnalité de Marx exerce une forte domination. Bakounine respecte l'efficacité, l'intelligence et la culture de Marx – il l'a de nombreuses fois écrit dans ses lettres — ainsi que son dévouement à la cause de la révolution, mais les deux hommes ne s'aiment guère ; Marx ne prend pas au sérieux l'idée proudhonienne, défendue par Bakounine, de l'abolition de l'État et continue de croire à la nécessité d'une vaste association de travailleurs, plutôt qu'à une organisation secrète de révolutionnaires prêts à tout. Marx espère une croissance numérique qui pourrait, en se traduisant par un vote majoritaire à l'occasion d'élections, permettre aux représentants socialistes de s'emparer de l'État bourgeois au profit des travailleurs exploités. En revanche il considère comme à peu près inexistantes « l'autonomie des masses » et leur « capacité spontanée à s'organiser ». Il doute des chances de succès de la méthode insurrectionnelle, thèses soutenues par le courant libertaire. De son côté, Bakounine reproche à Marx de vouloir installer un « État fort » après la révolution et redoute que ne se reproduisent ainsi les structures classiques de l'oppression sur le peuple par cet « État révolutionnaire »...

Bakounine repart donc pour le continent. Il est pourtant recherché par toutes les polices d'Europe continentale. La Suisse est le seul pays où il puisse établir une base sûre pour atteindre ses objectifs. Son influence sur les travailleurs du Jura suisse et français grandit, en même temps qu'il noue des liens avec les révolutionnaires piémontais, puis romains. À la fin des années 1860, le socialisme libertaire de Bakounine domine le mouvement ouvrier dans les pays du sud de l'Europe : l'Italie, l'Espagne et même la France, sans oublier la Suisse.

Mais, à Londres, depuis 1864, le projet marxiste a fait un pas de géant avec la formation de l'Association Internationale des Travailleurs, l'AIT, connue aujourd'hui sous le nom de « Première Internationale ». Bakounine pousse ses fédérations du sud à y adhérer en 1868, car il voit dans cette structure une arme efficace de solidarité et de combat. De plus, son organisation, l'Alliance internationale de la démocratie socialiste, même si elle ne réussit pas à imposer sa ligne anarchiste au congrès de l'Internationale de 1869, apporte tout de même de nombreux adhérents à l'Internationale de Londres, dont l'influence était encore limitée à l'Angleterre, à l'Allemagne, à la Belgique et à la côte est des États-Unis.

La guerre franco-prussienne et les événements de la Commune de Paris vont précipiter la rupture des deux courants socialistes révolutionnaires dès 1871 : Marx, tentant un bilan des acquis et de l'échec des Communards parisiens, élabore le concept de « dictature révolutionnaire du prolétariat », comme forme nécessaire de l'État révolutionnaire, car il est désormais persuadé que les anciens mots d'ordre socialistes sur la « prise du pouvoir d'État » sont insuffisants. Il ne fait aucun doute que cette dernière idée est d'origine libertaire et bakouninienne. Mais la similitude des conceptions s'arrête là : car Bakounine, à la suite de Proudhon, refuse catégoriquement l'idée qu'un État, quel qu'il soit, continue d'exister une fois détruit celui des exploiteurs. Marx en revanche ne veut pas se priver d'une arme institutionnelle de lutte contre les ennemis de la révolution et suggère l'idée d'un État révolutionnaire prolétarien, proche, en tant qu'outil de répression, de celui de Saint-Just et Robespierre, qui eurent à combattre les inévitables comploteurs favorables à l'Ancien régime.

Le fait est qu'en apparence du moins, les événements de la Commune de Lyon à l'automne de 1870 (soit plus de huit mois avant celle de Paris) plaidaient en faveur de la thèse marxiste : Bakounine avait pris une grande part dans l'insurrection de Lyon, où les socialistes libertaires décrétèrent après la prise de l'Hôtel de ville « l'abolition de l'État ». L'incompétence des comités insurrectionnels, la confusion politique et les manipulations orchestrées par la bourgeoisie locale vinrent à bout d'un mouvement pourtant puissant. Bakounine, pris les armes à la main, fut libéré par une attaque menée par des insurgés, à peine quelques minutes avant l'exécution sommaire qui lui était promise, le peloton étant déjà formé.

Il s'enfuit alors à Marseille, puis, échappant de peu à la police, regagne la Suisse dans un train de marchandises. C'est peu après ce moment qu'il rédige *Dieu et l'État,* en plusieurs fois, pour donner une forme structurée à ses positions désormais confortées par les événements de Lyon : l'alliance avec les chrétiens et le républicains bourgeois est impossible ; la destruction de l'État doit être totale et sans retour, le peuple en armes demeurant seul garant de la sécurité collective, la police et l'armée une fois mises hors d'état de nuire ; les divisions du mouvement révolutionnaire sont une cause majeure d'échec ; le « socialisme doctrinaire » (c'est son expression) des marxistes, accusé aussi d'être « parlementariste », nuit par son centralisme à l'expression du « socialisme vivant et réel des masses ».

Bakounine est ensuite éclaboussé par le scandale de l'affaire Netchaïev, un aventurier comploteur russe, escroc et assassin, auquel Bakounine avait imprudemment accordé son appui, mais dont il se désolidarisa par une lettre célèbre. Coupé du comité londonien de l'Internationale par sa situation décentrée en Suisse, il est exclu de l'organisation, ainsi que toutes les fédérations qui se réclament de lui, au Congrès de La Haye en 1872.

Car la démoralisation du mouvement socialiste internationaliste, consécutive à l'écrasement de la

Commune de Paris et à la répression meurtrière et généralisée en Europe des sections naissantes de l'Internationale, va provoquer la rupture définitive entre le courant marxiste et les libertaires bakouniniens : les divergences d'analyses s'ajoutant aux querelles de personnes, les sections anarchistes sont accusées d'activités fractionnelles, et doivent quitter l'organisation. Cette décision, prise à la majorité, fut pourtant une catastrophe : les fédérations latines de l'Internationale partirent presque toutes, laissant seuls aux commandes les Anglais et les Allemands. Quatre ans plus tard, la Première Internationale, qui avait engendré un si grand espoir, se déclarait autodissoute, quelques semaines à peine après la mort à Berne de Michel Bakounine. Épuisé par une vie de combats mais aussi par les séquelles d'affections contractées au cours de ses années de réclusion, il eut une existence riche, accomplie, exemplaire. Pourtant selon ses propres dires, elle fut « inachevée et décevante ». Et il déclara, peu de temps avant sa mort : « Ma vie entière est un fragment »

Mais le message politique du révolutionnaire russe ne resta pas sans lendemain. Il demeure une contribution décisive à l'histoire du mouvement révolutionnaire international.

2. Une œuvre inachevée

Il faut bien l'admettre, Bakounine fut plus un orateur enflammé, un polémiste virulent, qu'un vrai théoricien. Il connaissait peu de choses à l'économie et sa culture historique était celle d'un autodidacte. Sa compréhension de la philosophie se limita dans sa jeunesse à des clichés hérités d'une vision simplifiée du système de Hegel, chez qui il avait vu dans la notion de « négation » le principe de la nécessaire destruction universelle !

Bakounine fut avant tout un militant, un de ces agitateurs associés à tous les complots, présent à toutes les tribunes des meetings de solidarité, aventurier des barricades et figure éminente de tant de « comités révolutionnaires » et de groupes insurrectionnels armés qu'il est malaisé d'en faire le compte ; l'inachèvement et l'imprécision de ses œuvres sont donc liés aux difficultés de la vie clandestine, à ses exils successifs, à huit années d'emprisonnement aussi. Peu méthodique, mais travailleur infatigable, Bakounine fut un auteur prolifique. Il ne put ou ne sut terminer aucun de ses ouvrages mais laisse derrière lui des milliers de lettres, des milliers de pages manuscrites, des centaines de brochures militantes, de tracts et de discours retranscrits, dans lesquels ses « disciples » voulurent extraire quelques textes publiables.

Ainsi son œuvre la plus célèbre, *Dieu et l'État*, n'est qu'une association de fragments utilisés au gré des besoins de son activité militante. Le plus important d'entre eux, édité grâce aux soins d'Élisée Reclus et Carlo Cafiero en 1882, justifie mal le titre : il y est bien plus souvent question de la lutte contre la pensée religieuse que de la contestation de l'État. Ce n'est que grâce à la publication, douze ans plus tard, d'un second fragment retrouvé par un journaliste libertaire parisien que l'on peut aujourd'hui présenter un ouvrage plus cohérent, du moins quant à son titre. Mais Bakounine n'a jamais pu trouver le temps nécessaire à la relecture de ce travail inachevé (le manuscrit s'arrête brutalement) ; écrit dans la fièvre politique des mois qui précédèrent la Commune de Paris, et malgré son indiscutable importance, *Dieu et l'État* est un texte dont la structure reste confuse et dont les équilibres attendus pour une œuvre majeure ne sont pas respectés.

Il en est de même pour une autre œuvre décisive, *Fédéralisme, Socialisme et Antithéologisme*. Ce texte fut composé par Bakounine dès l'année 1867 et retravaillé progressivement au cours de l'année 1868 afin d'être proposé comme document de travail à la Ligue de la paix et de la liberté (siégeant à Berne), à laquelle il désirait voir adopter une ligne politique plus nettement socialiste, libertaire et antireligieuse.

Ce manuscrit, qui ne fut jamais publié qu'ultérieurement, au travers d'extraits utilisés par Bakounine lui-même pour d'autres ouvrages, est intéressant à de nombreux titres : on y voit développées de façon conséquente un certain nombre de thèses majeures de la pensée communiste libertaire : assimilation de toute forme d'État à la domination religieuse, impossibilité de préserver après la révolution une forme quelle qu'elle soit de pouvoir de L'État, condamnation sans appel de la confiance aveugle dans la science, particulièrement dans le domaine de l'économie politique, rejet brutal du « dogmatisme » de l'école marxiste et du « socialisme d'État », qualifié de « centraliste », « réglementaire » et « autoritaire ».

Dieu et l'État et *Fédéralisme, Socialisme et Antithéologisme* sont certainement, malgré leur inachèvement, les œuvres les plus importantes de Bakounine. Non seulement parce qu'elles furent diffusées par fragments et ainsi largement popularisées par les journaux progressistes de l'époque, mais aussi parce qu'elles constituent une sorte de résumé de ses thèses principales alors qu'il était arrivé à maturité, tant sur le plan de la théorie qu'en ce qui concerne l'action politique concrète.

Au-delà des insuffisances inhérentes à des écrits qui n'ont jamais été relus par leur auteur en vue d'une publication classique, les textes de Bakounine présentent néanmoins la cohérence des œuvres militantes : souci d'être compris d'un public ouvrier combatif, polémique violente contre les adversaires du mouvement populaire, insinuations et sarcasmes contre les fractions rivales à l'intérieur du mouvement. Ces œuvres inachevées, un peu confuses par la forme et pourtant profondes, ont été écrites, ne l'oublions jamais, par un évadé recherché par les polices les plus puissantes de l'Europe, changeant fréquemment de domicile au gré des besoins de la construction de l'Internationale ouvrière à laquelle il a pris une part plus qu'éminente. Peut-on sérieusement reprocher à un homme qui doit penser chaque jour à sa sécurité et qui doit tout faire dans la clandestinité et dans l'urgence, de ne pas avoir relu ses manuscrits avec assez de précaution ? En réalité, malgré des conditions de travail absolument exceptionnelles, il est parvenu à laisser à la postérité des textes théoriques qui ont donné au communisme libertaire une audience et une crédibilité attestée par la participation massive à ce courant révolutionnaire de millions de travailleurs européens, russes, américains, mexicains et sud-américains.

3. L'apport théorique de Bakounine

L'apport théorique de Bakounine, même s'il est fragmenté, est considérable. Il tient en quatre points fondamentaux : une analyse originale de la domination, le dévoilement de la structure intrinsèquement religieuse de l'État, le choix d'une conception libertaire matérialiste et le développement de la pensée internationaliste au sein du mouvement libertaire. En dépit de tout ce qui a été dit de l'irréductible distance entre les analyses marxistes de l'État et les conceptions de Bakounine, on voit que jamais le théoricien libertaire ne s'oppose à une analyse de classe. À aucun moment il ne nie que l'État puisse être au service d'une classe dominante, avec pour fonction de préserver, dans le cadre d'une alliance avec la religion, la sécurité des nantis. Il refuse simplement de s'en tenir à cela. Il cherche en fait à établir la nature du lien qui existe entre l'oppression politique de l'État et les formes idéologiques qui l'accompagnent.

Parmi ces dernières, la puissance réactionnaire de l'esprit religieux (Bakounine s'attaque au moins aussi souvent à la foi qu'à ses formes institutionnelles) ne lui semble pas la seule à dénoncer. C'est pourquoi il tente de thématiser une critique de la Science, ou en tout cas de la prétention scientifique, dont il pense qu'elle pourrait devenir une nouvelle forme de mainmise des puissants, unc nouvelle religion destinée à impressionner les sans-pouvoir. Car Bakounine redoute autant un gouvernement de prêtres qu'un gouvernement de savants. Nul obscurantisme, nul irrationalisme : il fait du recul de l'ignorance des masses une des conditions de la réussite de la révolution.. Simplement, il veut empêcher que l'autoproclamation ne remplace la démonstration. Il est clair que le « socialisme scientifique » de Marx est visé. En effet, le scientisme en vogue dans le mouvement socialiste, Bakounine ne peut le faire sien ; il le voit comme la religion des temps futurs, qui se contentera d'asseoir son emprise oppressive sur les esprits afin de pérenniser les inégalités dont elle sera le paravent.

Ainsi Bakounine ne se contente-t-il pas de dénoncer l'Église et l'État en tant qu'instruments de la politique répressive. En fait, la vision classique de la collusion « sabre/goupillon », illustrée durant les événements de 1870-71 par de très nombreux anathèmes papistes suivis de messes d'expiation, est notablement enrichie dans *Dieu et l'État.* Au-delà du traditionnel refus du conservatisme religieux, dont il décortique quelques années après Proudhon les fondements philosophiques et sociaux, Bakounine préfère présenter l'État comme l'instance de concertation, le lieu où une collégialité autoritaire élaborerait l'essentiel de la stratégie commune aux politiciens, aux potentats de l'économie et aux spécialistes de l'asservissement religieux des esprits. L'État n'est plus chez Bakounine, contrairement à l'analyse de Marx, une simple donnée instrumentale de l'oppression mise au service d'une classe particulière, au gré des périodes historiques.

Bakounine ne croit pas que l'État puisse être utile à la gestion des sociétés, ni qu'il pourrait de ce fait servir indifféremment à la bourgeoisie et au prolétariat, pourvu que celui-ci soit capable de s'en emparer. Parce qu'il pense que tout État est religieux, Bakounine ne peut accepter l'État instrumentalisé de Marx. Cela ne peut être qu'un instrument essentiellement coercitif, coordonnateur par nature de toutes les volontés qui soutiennent et organisent le système de domination. Il faut donc détruire le sens du sacré dont il cherche habituellement à s'entourer si l'on veut l'abolir de manière définitive.

Bakounine est également celui qui a su lier internationalisme et anarchisme, prolongeant ainsi les intuitions fédéralistes de Proudhon. Bien avant même l'adhésion à la première Internationale, il avait manifesté par son intérêt sur la question des révolutions polonaise, allemande, hongroise, tchèque, une tendance marquée à comprendre la révolution comme phénomène international, au moins européen. Ainsi son panslavisme, qui est souvent critiqué par Marx (Bakounine pensait que le soutien à la révolution polonaise permettrait de renverser l'autocratie russe et de constituer une confédération des nations slaves), apparaît bien plutôt comme une vision imparfaite, certes, mais prémonitoire de ce que sera la révolution russe à venir. Bakounine en effet a toujours cru en une révolution slave et dans le potentiel révolutionnaire des masses paysannes russes (alors que Marx a toujours rejeté cette idée, ne fondant ses espoirs que dans les classes ouvrières des pays européens les plus développés).

L'exemple du *Catéchisme révolutionnaire*, qui servit de charte à sa société secrète, la *Fraternité internationale*, marque encore un progrès dans la théorie internationaliste de Bakounine qui proclame bientôt le lien indissoluble de la révolution sociale et de la révolution internationale. Il y déclare que le révolutionnaire social doit être convaincu « que la prospérité et le bonheur de son pays, loin d'être en contradiction avec ceux de tous les autres pays, en ont besoin au contraire pour leur propre réalisation ; qu'il existe entre les destins de toutes les nations une solidarité inévitable, toute puissante. Selon lui, cette solidarité transformera peu à peu le sentiment souvent injuste du patriotisme en un amour plus large, plus généreux et plus rationnel de l'humanité, créant à la fin « la fédération universelle et mondiale de toutes les nations ». Ce catéchisme révolutionnaire (qu'il ne faut pas confondre avec celui de Netchaïev qui est au contraire antifraternel, individualiste et finalement anti-internationaliste), contient sans aucun doute les thèses les plus claires de la pensée de Bakounine concernant l'extension du domaine de la révolution.

Aussi dans la querelle qui oppose Marx à Bakounine au sein de la première Internationale, on ne tient pas assez compte du fait que leur rapprochement ne fut possible que parce que l'un et l'autre avaient une expérience et une conception internationaliste commune de la révolution. Quant aux raisons qui les ont conduits à se séparer avec fracas et ont finalement amené à la disparition de la première Internationale, on ne peut que les regretter.

Par ailleurs Bakounine est le penseur qui a initié la synthèse de l'anarchisme et du matérialisme, ouvrant ainsi la voie aux développements ultérieurs de la philosophie de Kropotkine. Sous ce rapport, il a voulu aller plus loin que Proudhon qui, à l'aide de sa théorie, entendait dépasser à la fois le point de vue du matérialisme mécaniste et celui de l'idéalisme métaphysique. Proudhon, du reste, n'était pas hostile au mode d'explication matérialiste, empiriste, mais du point de vue scientifique, il le trouvait, à son époque, insuffisamment fondé. Le mérite de la constitution d'une théorie matérialiste anarchiste revient donc à

Bakounine, mouvement que Kropotkine parachèvera définitivement à l'aide de ses connaissances dans le domaine des sciences naturelles. En tout cas il n'est pas anodin de constater que *Dieu et l'État* s'ouvre sur une profession de foi matérialiste qui lie la critique de l'idéalisme et de la religion, le besoin de se révolter, aux acquis anthropologiques de la théorie de Darwin (ces dernières ruinant les spéculations oiseuses tirées du mythe d'Adam et Ève) : autant de thèmes qui trouveront chez Kropotkine, comme nous le verrons, matière à des développements théoriques extrêmement importants. On ne peut que s'étonner et protester du reste de l'absence de ces deux grands noms de la pensée matérialiste dans les anthologies qui sont régulièrement consacrées à cette école de pensée : nul doute qu'ils ne dépareraient pas à côté des noms de Démocrite, Lucrèce, Épicure, Gassendi, La Mettrie, d'Holbach ou Marx et Engels eux-mêmes.

Pierre Alexeïevitch Kropotkine (27 novembre 1842-8 février 1921)

1. Illusions et désillusions d'un « prince narodnik » (1842-1872)

Loin, très loin sur l'échelle sociale, à l'opposé de Proudhon, petit paysan roturier et analphabète, passé sans diplôme ni études de sa petite ville de province française à la notoriété, il y a Pierre Kropotkine, prince russe de sang royal, étudiant modèle puis scientifique de renommée mondiale.

Malgré cette si étrange distance, ce qui les réunit, c'est la prison, l'exil, le scorbut, les mauvais traitements, mais aussi l'espoir d'une société égalitaire sans État, et, avant tout, l'action révolutionnaire avec ses joies et ses dangers.

Une action tout entière appuyée sur la certitude de faire de leurs espoirs libertaires une réalité sociale, un système effectif que Kropotkine, par admiration pour Proudhon et déférence pour Bakounine, appellera en 1880 anarcho-communisme ou communisme anarchiste.

Pierre Alexeïevitch Kropotkine naît le 27 novembre 1842 dans un hôtel particulier du quartier des Vieux Écuyers, le secteur le plus résidentiel du Moscou de l'époque. Ce titre de « prince », qu'il refusera de porter plus tard, il le doit à son père qui appartient à une dynastie encore plus ancienne que celle des Romanov, alors au pouvoir, puisqu'elle remonte au très vieux royaume de Kiev sur lequel elle régna des siècles avant Pierre le Grand. Par sa mère, Kropotkine descend d'une très haute famille aristocratique cosaque qui s'était illustrée au combat dans toutes les guerres, toujours en première ligne, de telle sorte que son nom de « Soulima » rimait avec « héros » dans la langue des tribus du Don.

Toute la famille profite du système féodal russe. Le vieux Kropotkine est un militaire rigoriste et brutal, un père indifférent, et le maître redouté de 1200 familles de serfs, vendables comme du bétail, corvéables, à peine plus que des esclaves. Dans cette propriété immense de Nikolskoïé à 170 kilomètres de Moscou, la famille princière est servie par une cinquantaine de serfs de maison et divertie par un orchestre complet attaché à la demeure... une goutte de luxe dans une océan de misère.

Pierre a un frère, Alexandre, d'un peu plus d'un an son cadet, avec lequel il partage l'enseignement sévère mais captivant d'un précepteur français, M. Poulain, ancien soldat de la Grande Armée, républicain, et toujours voltairien. Un étudiant en littérature, Smirnov, inculque aux jeunes garçons un certain sentiment de culpabilité à propos de leurs privilèges en même temps qu'il leur propose sa vision réformiste et constitutionaliste de l'avenir de la monarchie russe. En 1857, Pierre, plus doué que son frère, entre à l'école des Cadets pour cinq ans et du fait de l'excellence de ses résultats en est nommé le « sergent » ; ce qui a pour conséquence, à quinze ans à peine révolus, de l'attacher immédiatement au service de la garde personnelle de l'empereur Alexandre II, « ce névrosé anxieux », dira plus tard de lui Kropotkine.

Au même moment, le Prince lit le *Dictionnaire philosophique* de Voltaire, mais aussi les écrits politiques de Lamartine, les textes interdits de Pouchkine et de Herzen. Au contact de Hegel et Montesqieu, puis de Kant et de Rousseau, il envisage la nécessité de rationaliser les fonctions de l'État pour le bien de tous. Culpabilisé en profondeur par sa situation personnelle très favorisée, autant que par le spectacle quotidien du cynisme criminel et de l'égoïsme de caste du tsar, il se rapproche lentement, au cours de ces quatre années, d'un mouvement de jeunes russes, les « narodniki » (les « serviteurs du peuple ») car il est désireux de donner au moins une forme humanitaire concrète à sa prise de conscience sociale.

En 1861, Alexandre II publie enfin le décret d'émancipation des serfs. Les « narodniki » créent alors les « Écoles du dimanche ». Kropotkine y participe immédiatement et commence son action d'alphabétisation auprès de paysans et d'ouvriers volontaires. En huit mois à peine, les tracasseries policières et administratives auront raison de cette première tentative de jonction entre la jeunesse privilégiée aristocrate et bourgeoise et la masse du peuple russe, rendue inerte par des siècles de famine, de coups de knout, d'ignorance et de superstition.

En 1862, voulant fuir cette déception, le jeune cadet sort premier de sa promotion, se fait nommer, au grand désespoir de son père et à l'étonnement de ses professeurs, à la tête d'un régiment de Cosaques en Transbaïkalie, au fin fond de la Sibérie orientale récemment conquise. Il va trouver là, loin de la cour de Saint-Pétersbourg et des bureaucrates moscovites, des chefs de garnison plutôt démocrates et même un poète exilé qui lui fait découvrir Proudhon. Kropotkine demande à être nommé rapporteur d'une commission d'enquête sur le système carcéral russe. Il visite des prisons, des cachots, observe l'état terrifiant des déportés dans les camps de Sibérie et des bagnards marchant enchaînés sur les routes gelées. Son rapport est sévère, ses propositions radicales. L'ensemble arrive à Moscou puis à Saint-Pétersbourg. Il restera lettre morte. Nouvelle déception pour le jeune réformiste. Enfin, une troisième et très grave désillusion va s'abattre sur les espoirs légalistes du prince narodnik : pour se débarrasser gentiment de lui, on le nomme rapporteur d'une commission d'enquête sur les famines des paysans de l'Oussouri. Il en revient horrifié, révolté. On lui demande ensuite d'étudier les dysfonctionnements de la gestion municipale des colonies sibériennes. Dans les deux cas il dénonce avec clarté la corruption criminelle des agents du gouvernement, complices avec la hiérarchie militaire, qui affament littéralement les pionniers. Lettre morte encore et encore...

Par dépit peut-être, mais certainement surtout du fait de l'absence de solution politique concrète en Russie, le jeune officier va alors se lancer dans une autre direction, celle de l'exploration scientifique. Durant quatre ans, jusqu'en 1867, il va diriger des missions d'études, recherchant, à la tête d'un escadron de cinquante soldats cosaques, tantôt la meilleure route de la Léna à la Transbaïkalie, tantôt le moyen de passer en Mandchourie à travers les régions contestées du fleuve Amour. À l'occasion, ce géographe surdoué établit quelques découvertes scientifiques qui sont aujourd'hui encore enseignées : la théorie de la glaciation quaternaire sur la partie nord des continents européen et asiatique jusqu'au cinquantième degré de latitude, la théorie de la dessiccation de la Sibérie (toujours observable cent cinquante ans plus tard) ainsi qu'une judicieuse description des bassins fluviaux de l'Asie et de sa structure tectonique, qui firent rapidement reconnaître sa valeur.

De retour dans la capitale en 1867, le jeune officier libéral observe, écœuré, les horreurs du régime autocratique d'Alexandre II : persécutions, répression policière, enlèvements, tortures, exécutions d'étudiants et d'ouvriers rebelles. Inscrit à l'université, il va rester cinq ans plongé dans l'étude, versant peu à peu dans le nihilisme philosophique qui marque cette époque désespérante où l'action politique concertée est devenue impossible.

Mais en 1872, la mort de son père le libère moralement de ses obligations à l'égard du système tsariste. Il prend alors le train pour la Suisse, l'année qui suit l'écrasement de la Commune de Paris. À son programme : remplacer le réformisme par la radicalité, rencontrer des ouvriers de l'AIT, les aider s'il le peut, lutter avec eux s'ils l'acceptent. Commence alors la vie de l'activiste Borodine, militant clandestin, théoricien anarchiste et homme d'action, dont la vie sera entièrement consacrée à la destruction totale de la dictature capitaliste et à son remplacement par une société communiste sans État.

2. « Borodine/Levachov », agent secret de la révolution (1872-1886)

Diplôme d'académie militaire, organisation de missions secrètes, exploration scientifique, évolution en milieu hostile, c'est avec un CV très inhabituel que Kropotkine décide de se mettre au service de la révolution. Lorsqu'il arrive en Suisse, le pays qui a accueilli Bakounine et les communards français en fuite, Kropotkine n'a pas d'a priori. En bon scientifique, il va faire deux stages dans les sections de l'Association Internationale des Travailleurs, un premier chez les marxistes, l'autre dans une section dirigée par le proudhonien James Guillaume, avant de se décider. Après quelques semaines, il adhère à l'AIT dans la section libertaire et y trouve ce qu'il attendait : une vraie expérience militante radicale, risquée et exaltante.

Le prince Kropotkine laisse la place au socialiste révolutionnaire bakouniniste « Borodine ». Sous ce nom d'emprunt il rentre en Russie en 1872 et, déguisé en paysan, il organise des conférences, rédige et distribue des tracts, préside des réunions secrètes dans les quartiers populaires de Moscou. Désormais Kropotkine fait partie du groupe central des « Cercles Tchaïkovsky » (frère du célèbre musicien) dans lesquels il représente la tendance anarchiste, communiste et spontanéiste : avant tout « Borodine » écoute les gens, capte leur colère, cherche à analyser leurs modes d'organisation, leurs techniques de lutte, leurs actions concrètes. Sa vision de la révolution se consolide sur cet apprentissage auprès des masses. Sur l'armature proudhonienne et bakouninienne se greffent les organes, les chairs, la peau des expériences des luttes du peuple. Et la théorie prend forme : dès 1873 « Borodine » rédige un mémoire « Sur la recherche future de l'idéal » à usage interne des cercles Tchaïkovski. On peut y trouver toutes les grandes idées qu'il développera dans les dix mille pages ultérieures de son œuvre écrite, de manière détaillée et programmatique : prise de possession des terres et des usines par les producteurs associés ; instruction universelle et complète (intellectuelle et manuelle) ; création de coopératives paysans/ ouvriers/consommateurs ; remplacement du salariat par la distribution de bons d'échange ayant pour base des heures de travail remplaçant la monnaie.

C'en est trop pour la police du tsar. En moins d'un an, tout le « groupe central » est capturé. « Borodine » est pris le dernier en 1874. Il est immédiatement reconnu, puis incarcéré sans jugement à la forteresse Pierre et Paul. Enfermé seul dans une cellule sans fenêtre et capitonnée, Kropotkine va connaître pendant deux ans la cruauté de l'isolement sensoriel, avec, pour compagnons exclusifs, un lit de fer, un vieux tapis et une chaise. Le silence, le froid, la faim ; le désespoir, très vite. Puis le corps qui flanche, dans une cellule où l'eau gèle dans le gobelet, de très graves rhumatismes paralysants, enfin des problèmes pulmonaires, de l'anémie, des évanouissements à répétition.

Le tsar Alexandre II, se souvenant de son ancien attaché personnel, autorise le prisonnier à aller mourir dans un hôpital pénitentiaire de Moscou. Mais Kropotkine n'a que trente-deux ans. Il survit, se rétablit, s'évade par la grande porte de la prison grâce à un plan audacieux monté par onze de ses camarades. Barbe rasée, « Borodine », devient alors « Levachov » et passe en Angleterre au fond de la cale d'un cargo finlandais. Il vit grâce aux maigres subsides de son travail de correcteur anonyme à la revue scientifique *Nature*. Traqué par les espions du tsar, il parvient tout de même à repasser en Suisse, à échapper à une rafle en Belgique, à aller faire des conférences en Catalogne, la patrie de l'anarchisme avec ses 100 000 adhérents. Ses contacts avec les révolutionnaires italiens Cafiero et Malatesta et le prestige de son évasion lui ouvrent désormais toutes les portes des sections de l'AIT. En Suisse dans les manifestations, c'est lui qui porte le drapeau rouge car la police l'a reconnu et n'ose pas tirer sur le « prince »...

Mais les agents du tsar l'ont retrouvé ; eux aussi l'ont reconnu, car « Borodine » mène son action révolutionnaire au grand jour, protégé par les lois de la Confédération helvétique. Dans la petite maison qu'il occupe près de Thonon, il échappe par miracle à un attentat. Le tireur d'élite caché sur un toit voisin a été vu par la logeuse au moment où il mettait en joue « l'évadé russe le plus célèbre d'Europe ». Kropotkine a juste le temps de reconnaître un de ses anciens camarades de l'école des cadets, envoyé par le tsar pour l'exécuter... Convaincu désormais que l'affaire est sérieuse, Kropotkine, récemment marié à une jeune militante russe rencontrée en Catalogne, Sophie Ananiev, décide de partir en Angleterre. Car la situation en Russie est très grave : en mars 1881, un groupe de jeunes rebelles anarchisants est parvenu à tuer Alexandre II au cours d'un attentat. Parmi eux, une amie intime de Kropotkine, rencontrée à l'époque des « cercles Tchaïkovski » : Sophie Perovskaïa, morte le sourire aux lèvres, d'après les témoins, exécutée avec les autres conspirateurs, par un sombre matin, au fond d'une cour de prison. Malgré son amitié avec les conspirateurs, Kropotkine persiste à soutenir la ligne insurrectionnelle contre la ligne terroriste au Congrès de Londres où il retrouve Malatesta, Louise Michel et Tchaïkovski, lui aussi évadé. Mais les retrouvailles sont plutôt tristes...

Dès la fin de l'année 1881, Kropotkine retourne en France, car l'agitation ouvrière y est intense. Les émeutes de Lyon et l'arrestation de soixante-dix anarchistes le poussent à reprendre l'action clandestine de propagande, qu'il parvient à mener jusqu'en 1882. Arrêté puis condamné en janvier 1883 à cinq ans de prison, Kropotkine est incarcéré à Clairvaux en cellule de réclusion. Grâce à la pétition organisée par Victor Hugo il n'est pas extradé vers la Russie. Mais les pressions russes s'exercent sur le gouvernement français pour qu'il fasse périr Kropotkine en le soumettant au régime du pain et de l'eau, qui était le plus sévère. Très vite le prisonnier, affaibli, attrape la malaria puis perd ses dents au cours d'une crise d'avitaminose scorbutique. Parallèlement la maladie pulmonaire contractée à la forteresse Pierre et Paul dix ans plus tôt se réveille, puis se développe. Clemenceau mène alors diverses actions de protestation pour faire gracier Kropotkine et Louise Michel (elle aussi incarcérée) tandis qu'Élisée Reclus, savant anarchiste et géographe de renommée mondiale, parvient à publier, en 1885 un recueil d'articles de Kropotkine parus dans *Le Révolté* sous le titre *Paroles d'un révolté*. Le succès mondial de l'ouvrage contraint le gouvernement français à libérer le prisonnier, mourant, en janvier 1886. Après trois ans de réclusion à régime sévère, Kropotkine est un homme malade, très affaibli, qui fait beaucoup plus que ses quarante-quatre ans. Sur le conseil du comité de soutien qui l'a tiré de prison, il accepte de partir en Angleterre, où ses amis anarchistes, Bernard Shaw, Oscar Wilde et le poète Yeats organisent un accueil triomphal au rescapé de Clairvaux. Un homme sans dents, brisé par la toux et perclus de rhumatismes arrive en Angleterre avec un esprit aussi fort et combatif que son corps est faible et dégradé.

3. Un anarchiste respecté (1886-1914)

Désormais, durant les trente années qu'il passera près de Londres avant de revoir sa patrie russe au moment de la Révolution d'Octobre, Kropotkine va consacrer son énergie au soutien des militants persécutés dans le monde et à l'accomplissement de son objectif théorique majeur : donner au communisme libertaire un substrat scientifique au moins aussi solide que celui dont Marx a voulu doter le communisme étatique. « Borodine/Levachov » l'agitateur clandestin disparaît ; c'est désormais aux attaques de Pierre Kropotkine, écrivain célèbre, savant respectable et anarchiste respecté, que le système de domination capitaliste devra avoir affaire.

Mais, à peine libéré de sa cellule de Clairvaux, Kropotkine est frappé par le deuil : son frère cadet Alexandre, social-démocrate modéré exilé en Sibérie, se suicide, désespérant de revoir un jour sa famille et ses amis. Kropotkine trouve tout de même la force de fonder le journal communiste libertaire *Freedom*. Puis au cours des trente années suivantes, convaincu que la révolution est imminente en Europe occidentale et aux États-Unis, il va parcourir la Grande-Bretagne, allant de conférences en meetings ou en manifestations, que ce soit en faveur des dockers grévistes de Londres en 1889, ou pour protester contre l'exécution des anarchistes de Chicago en 1888. Surmené par l'addition de ses tâches militantes et journalistiques, épuisé par les travaux de recherche nécessaires à la rédaction de ses plus grandes œuvres, Kropotkine est désormais un malade en sursis, sans cesse sujet aux rechutes. Pourtant ses plus grands textes datent de cette période. Ils vont faire, en traduction, le tour du monde. Ce sont des centaines de milliers de brochures et d'ouvrages qui atteignent le Mexique, l'Argentine et même la lointaine Chine… De *La Conquête du pain* (1892) à *L'Entraide* (1902) sans oublier *Champs, Usines et ateliers* (1898),

La Morale anarchiste (1891) ni *La Grande Révolution française* (1909), il va, sur des milliers de pages, décrire avec minutie sa conception communautaire concrète de la société post-révolutionnaire, développer avec sérieux l'idée de l'abolition du salariat, montrer que la solidarité a une dimension instinctive chez l'homme comme chez les autres animaux. Affirmant les concepts coopératifs proudhoniens, systématisant les théories révolutionnaires de Bakounine, Kropotkine va montrer avec clarté et précision qu'une société communiste sans état est possible. Harcelé par la maladie, sujet à des fièvres récurrentes et à des accidents cardiaques et pulmonaires, le vieil homme est désormais visité par des militants et des scientifiques du monde entier. Il a gardé contact avec les opposants politiques les plus radicaux de tout le continent en même temps qu'il collabore à des revues scientifiques comme *Nature* ou *XIX*th *Century*. Vivant modestement des revenus de ses ouvrages, Kropotkine désespère de rentrer dans une Russie libérée de la dictature tsariste. La guerre de 14-18 et la Révolution d'Octobre vont lui en donner l'occasion, en même temps que celle de commettre une série d'erreurs politiques qui vont ternir la fin de la vie d'un révolutionnaire qui jusque-là pouvait se vanter d'avoir mené son existence de manière irréprochable.

4. Les faux-pas du géant (1914-1921)

Dans le camp progressiste russe, la germanophobie avait toujours été très forte ; une sorte de ciment commun. Chez les anarchistes, Bakounine avait montré l'exemple, allant même jusqu'à exprimer ses préférences pour les armes françaises au cours du conflit qui les opposa à la Prusse de Bismarck en 1870. Marx, lui, avait pris fait et cause pour la partie allemande, avec en tête un souci identique à celui de Bakounine : précipiter la révolution en Europe occidentale. Malgré l'évidence de cette double erreur, Kropotkine va, en

1916, glisser dans le même piège : victime de son illusion francophile (les révolutions de 1789, 1830, 1848) le vieil anarchiste finira, dans le *Manifeste des seize*, par faire du bellicisme français le défenseur de la liberté des peuples européens. Il n'est d'ailleurs pas le seul : d'autres anarchistes de renom comme Jean Grave, Tcherkassov ou Paul Reclus (le fils d'Élisée) vont soutenir Kropotkine contre Malatesta, Shapiro ou Emma Goldman, plus représentatifs, pourtant, de l'opinion des anarchistes de base à qui Kropotkine durant des décennies avait martelé son pacifisme et son antimilitarisme… La guerre dure, Kropotkine discrédité est traité d'« anarchiste de gouvernement » mais il s'entête, persuadé que la chute de l'empire allemand entraînera une révolution dans toute l'Europe de l'Ouest. Son analyse est si fausse, son erreur si complète que c'est en Russie que la Révolution éclate, alors que la guerre fait toujours rage. Cette inconcevable volte-face stratégique, venant d'une autorité morale aussi respectée dans les milieux révolutionnaires, va littéralement casser les reins de l'anarchisme international, qui graduellement connaîtra à partir de ce moment un lent et régulier déclin.

D'autant plus qu'incapable de comprendre les raisons des désertions massives des soldats russes sur le front, il salue favorablement « le premier pas » que constitue selon lui le gouvernement de Kerenski ! Kropotkine prend alors un bateau sous le nom de « Professeur Tourine » en direction de la Russie. Il contacte sur place les constitutionnalistes, le prince Lvov, Kerenski, dont il refuse la demande de participation à son gouvernement. Même timide, ce soutien aux réformistes le discrédite. Trotski surtout, mais Lénine aussi, désapprouvent celui qu'ils appellent « le vieux fou ».

Il est vrai que Kropotkine, coupé de la réalité russe depuis trop longtemps, s'enferme dans son erreur. Il persiste à condamner le manque de combativité des soldats russes face à l'armée austro-allemande et ne voit pas les forces populaires à l'œuvre. Les anarchistes russes, disqualifiés en bloc par la prise de position incompréhensible de leur vieux leader, ne peuvent empêcher Lénine et Trotski de récupérer au profit de la ligne étatiste le mouvement pacifiste et anti-tsariste. Alors que la Révolution en marche, à partir de 1917, a pris exactement *toutes les formes codifiées par la réflexion libertaire* depuis Bakounine (expropriations collectives sauvages des champs et des usines, auto-organisation en coopératives communales, milices mixtes travailleurs-déserteurs, démocratie directe par assemblées locales), le vide politique créée par le faux pas de Kropotkine laisse le champ libre à l'habileté de Lénine, farouche partisan du communiste d'État. Au moment de la Révolution d'Octobre, l'anarchiste vieillissant trouve tout de même le ressort intellectuel suffisant pour apporter son soutien au mouvement en cours. Mais dès janvier 1918, il crée la Ligue fédéraliste, afin de critiquer le tournant autoritaire pris par le style de gouvernement de Lénine. La réplique est rapide : la Ligue est interdite en mars. En avril, la Tchéka, nouvelle police politique du pouvoir révolutionnaire, arrête et enferme des dizaines d'anarchistes. Kropotkine se résout alors à s'installer à Dmitrov, dans une petite ville à soixante kilomètres de Moscou. Là, il va survivre modestement, grâce à une vache, quelques poules et un petit jardin potager. Au printemps 1918, il reçoit la visite de Nestor Makhno, guérillero ukrainien anarchiste qui combat avec ses bandes armées les troupes autrichiennes et le général russe blanc Denikine. Kropotkine l'encourage et le remercie de lui avoir apporté de Moscou un lot de bougies envoyé par le journaliste Victor Serge…

De la fin de 1918 et jusqu'à sa mort en 1921, Kropotkine va accorder son soutien aux bolcheviks dans leur lutte contre les Russes blancs et l'intervention alliée, sans toutefois accepter la politique des prises d'otages (la fameuse « Lettre à Lénine » d'octobre 1920). Il approuve par ailleurs la forme soviétique du nouveau pouvoir, tout en continuant à refuser le régime de parti unique. Il trouve la force de rencontrer Lénine plusieurs fois à Moscou, sans parvenir toutefois à combler le fossé déjà profond entre communistes anarchistes et communistes étatistes.

En janvier 1921, il est victime d'une rechute de ses anciennes affections pulmonaires. Le 8 février un accident vasculaire cérébral met fin à sa vie. Un comité funéraire se forme, obtient la libération provisoire de militants anarchistes emprisonnés pour assister à l'enterrement. Le train qui transporte le corps à Moscou est bordé sur soixante kilomètres de drapeaux rouges et de drapeaux noirs mêlés. À Moscou, le cortège, long de neuf kilomètres, rassemble 100 000 personnes. Ce sera la dernière manifestation non contrôlée de l'histoire de l'URSS jusqu'en 1991. Peu de temps après, Lénine, conscient, malgré tout, de sa dette intellectuelle, attribue une bâtisse de la rue Tolstoï pour y installer un musée Kropotkine. Une rue adjacente prend le nom du vieux maître. La même année, Trotski écrase militairement la rébellion des marins anarchistes de Kronstadt, héros de la révolution. En 1938, à la mort de Sophie Ananiev, le musée est dispersé sur ordre de Staline et la rue débaptisée. À partir de ce moment, dans tous les manuels d'histoire soviétiques, Kropotkine sera désigné comme « le chef d'une bande de terroristes bellicistes et objectivement contre-révolutionnaires ».

5. L'apport théorique de Kropotkine

L'apport théorique de Kropotkine à la philosophie libertaire, si l'on excepte le *Manifeste des seize*, est immense. Il est, plus que Proudhon encore, le grand philosophe de l'autogestion à travers son analyse de l'expropriation révolutionnaire et du développement local autocentré. Il est également l'un des théoriciens de l'insurrection populaire dont il a donné la tactique et les plans dans plusieurs de ses ouvrages et qu'il a élevée au rang de véritable catégorie historique, d'authentique philosophie de l'histoire. Kropotkine aura de plus essayé de réaliser les synthèses que ses prédécesseurs pouvaient difficilement, du fait de leurs relations conflictuelles avec Marx, envisager. En ce sens il est le penseur le plus profond de la fusion entre anarchisme et communisme de même qu'il est en avance sur son temps lorsqu'il imagine la possibilité d'abolir le salariat (Proudhon dans *Qu'est ce que la propriété ?* pouvait concevoir l'égalité salariale mais pas d'abolition du salariat en tant que tel). Kropotkine aura, enfin, donné à l'anarchisme l'assise dans le domaine des sciences naturelles qui lui faisait défaut non seulement à travers sa théorie de l'entraide comme principe de vie collective mais aussi en inscrivant la pensée libertaire dans le prolongement des idées scientifiques héritées de la philosophie des Lumières et des grandes découvertes du XIXe siècle.

Ainsi, dans le domaine des sciences humaines, de la politique, de l'économie et de l'histoire, Kropotkine s'est fait connaître par plusieurs ouvrages qui ont eu sur le mouvement révolutionnaire européen une influence considérable. Tout d'abord c'est avec *Paroles d'un révolté* (1885) qu'il acquiert la célébrité. Publié alors qu'il se trouve en prison, par les soins de son ami Élisée Reclus, l'ouvrage peut être considéré comme un développement de la thématique bakouninienne du « besoin de révolte ». Mais, même si, comme chez Bakounine, la composition du texte a été réalisée à partir d'articles de journaux divers, l'argumentation se trouve généralement très ramassée, très condensée, sans digression aucune. Elle consiste du reste essentiellement en une justification de la révolution par l'insurrection populaire et l'expropriation et, pour ce faire, débat des grands thèmes de la pensée libertaire : antiautoritarisme, antiétatisme, opposition à la loi et à l'ordre établi, propagande par le fait, éloge de la Commune de 1871 et de l'organisation communale en général, appel à la jeunesse...

Cette œuvre, très politique, avait besoin d'un complément économique qui permette de dessiner le visage de la société libertaire à venir. C'est avec *La Conquête du pain* (1892) que Kropotkine répond à ce besoin en discutant des questions d'économie politique qui doivent être abordées dans la société, une fois la révolution accomplie. Il se prononce ainsi pour l'abolition du salariat dont il prouve que la mesure de la valeur ne peut être définie sans injustice, sans arbitraire, dans une société technicienne extrêmement développée. Comment, en effet, trouver une mesure harmonieuse entre le travail d'un ingénieur et celui d'un ouvrier fraiseur ? Ce qu'il était possible de comparer dans le cadre d'une économie préindustrielle, artisanale, productrice d'objets simples, ne devient-il pas impossible à étalonner dans le cadre d'une production de marchandises et de services extrêmement complexes ? La société libertaire à venir sera donc régie non par le principe « à chacun selon son travail » mais « à chacun selon ses besoins ». L'ouvrage se distingue également par une discussion serrée des thèses de l'économie politique marxiste : on y découvre que l'égalitarisme kropotkinien va plus loin que le collectivisme d'État prôné par Marx, qui maintient le salariat, la distinction entre travail simple et travail composé, ainsi que celle entre travail manuel et travail intellectuel.

Champs, Usines et ateliers (1898) s'inscrit dans la continuité de l'effort réflexif opéré par Kropotkine dans le domaine économique. S'appuyant sur les données chiffrées très précises, il fait deux importantes découvertes. D'une part il prouve que du fait du progrès des techniques et des sciences, la décentralisation de l'industrie doit conduire chaque nation à développer une capacité de production égale à celle des autres (ainsi l'Inde, le Japon, les États-Unis sont appelés à rejoindre le Royaume-Uni, la France et l'Allemagne) mais d'autre part il montre que cette tendance à la décentralisation, du fait de la concurrence mondiale, si elle n'est pas compensée par un recentrage de la production en direction de sa population, conduit les peuples vers une logique de guerre. Arrivés à un niveau de puissance égal, les États-nations se confrontent sur le marché mondial pour finalement se combattre par les armes. Seul un développement autocentré, local, où les producteurs sont les premiers consommateurs de ce qu'ils produisent peut permettre de s'écarter de la logique de guerre présente dans ce que l'on appelle aujourd'hui la mondialisation. D'autre part Kropotkine, reprenant l'idéal proudhonien de la fédération agricole-industrielle, démontre que le développement des capacités de l'agriculture est à même d'apporter l'autosuffisance (et plus) à chaque population. Il est donc matériellement possible de recréer de petites unités industrielles et agricoles qui permettront à chaque groupe de population de vivre de sa production locale et d'échapper ainsi à la fatalité de la misère prolongée par le système capitaliste : le fédéralisme politique trouve ici sa base de développement économique.

Par ailleurs, dans un ouvrage très érudit, *La Grande Révolution* (1909) Kropotkine a légué une analyse détaillée des événements politiques qui ont constitué la trame de la révolution française de 1789 à 1793. Pour la première fois, c'est non pas seulement le peuple français comme chez Michelet ou le prolétariat naissant comme dans l'*Histoire socialiste de la révolution française* (1901-1908) de Jaurès mais *l'insurrection* qui est comprise comme moteur et sujet de l'histoire. Kropotkine rappelle, en effet, que ce sont les différents appels au peuple, les mouvements insurrectionnels du peuple parisien en armes et les révoltes paysannes en province qui ont sauvé la Révolution des pièges successifs dans lesquels les assemblées (Constituante, Législative, Conventionnelle) se trouvaient prises. Salué par Lénine comme un maître ouvrage, ce texte qui constitue non seulement une étude scientifique, mais aussi un véritable manuel de réflexions sur la révolution en marche, n'empêcha cependant pas ce dernier de répéter les erreurs des Jacobins et conduira finalement la révolution russe sur un chemin autoritaire que Kropotkine ne put jamais approuver.

Dans le champ des sciences naturelles le « prince anarchiste » a également laissé une trace considérable. Si Proudhon a fondé l'anarchisme sur l'économie politique et si Bakounine lui a apporté sa philosophie rebelle, c'est Kropotkine qui lui a donné le soutien des sciences de la nature. Ainsi dans *La Science moderne et l'Anarchie* (1910), il consacre une part extrêmement importante de sa réflexion à montrer que la méthode inductive-déductive, la philosophie des Lumières, les découvertes opérées par les astronomes matérialistes et la biologie évolutionniste de Darwin constituent les bases les plus solides pour le développement de la pensée anarcho-communiste, comprise comme philosophie matérialiste, philosophie du progrès.

Mais c'est avec *L'Entraide, un facteur de l'évolution* (1902) que l'auteur de *Paroles d'un révolté* a le plus marqué le développement de la pensée scientifique libertaire. À l'aide d'un nombre impressionnant d'exemples et de faits, tirés de la vie des animaux, de celle des peuplades primitives, des communes villageoises et des cités du Moyen-Âge mais aussi et surtout de l'action coopérative dans le monde ouvrier et paysan de son époque, il prouve que c'est l'entraide (en anglais dans son texte : « mutual aid »), qui constitue le principe le plus puissant de l'évolution progressive des espèces. Loin de l'interprétation capitaliste parfois raciste en tout cas malthusienne de la « sélection naturelle des plus aptes » élaborée par Darwin, Kropotkine conteste l'idée que la lutte pour l'existence à l'intérieur d'une même espèce soit un facteur de progrès, car elle est au contraire le plus souvent un indice de décadence. Ainsi les espèces qui sont amenées à croître, à se développer au plan matériel et intellectuel, sont non pas celles qui s'entre-dévorent mais celles qui ont les plus larges instincts sociaux, les plus grandes pratiques d'aide mutuelle. Cela est vrai aussi bien des oiseaux que sont les grues, les pélicans et les perroquets que de ce mammifère supérieur qu'est l'homme. Si l'homme était en lutte perpétuelle contre l'homme, s'il était suivant le mot de Hobbes, « un loup pour l'homme », s'il n'existait pas de tendance naturelle à l'entraide, l'espèce humaine, comme tant d'autres, ne se serait pas adaptée aux modifications de son environnement et aurait disparu. Véritable plaidoyer pour la coopération, *L'Entraide* fut un coup sévère porté à l'égard des interprétions eugénistes de Darwin par Galton ou des théories racialistes de Gobineau. Enfin Kropotkine a livré dans un texte publié après sa mort un approfondissement de sa réflexion scientifique et morale. Il s'agit de *L'Éthique* (1921) qui témoigne, s'il le fallait, de l'exceptionnelle capacité de synthèse de ce révolutionnaire professionnel dont le message nous paraît, en ces temps de mondialisation et d'individualisme destructeurs, d'une brûlante actualité.

Première partie

CHOISIR L'HOMME CONTRE LA DIVINITÉ

ANTITHÉOLOGIE ET ANTITHÉOCRATIE

« Toute philosophie commence par une critique de la religion » : cette phrase célèbre de Marx s'applique parfaitement à la compréhension de la philosophie libertaire. Les penseurs anarchistes ont, en effet, proposé une critique méthodique et radicale aussi bien de l'idée religieuse que de ses manifestations pratiques et politiques. La sélection des textes présentés ici ne laisse de ce point de vue aucune place au doute. Les anarchistes critiquent tout d'abord la méthode de pensée religieuse (groupement de textes n°1), l'idéalisme compris non au sens trivial de goût pour les idées désintéressées mais de système de négation de la vie humaine et de justification de l'ordre en place au nom d'Idées déclarées supérieures, transcendantes (Dieu, le Bien, Le Mal...). Ils s'en prennent ensuite à l'objet suprême de la religion, Dieu (groupement de textes n°2), soit pour le purger de la réflexion en tant qu'idée contraignante, dogmatique, soit pour nier son existence au nom de la liberté humaine, soit enfin pour montrer que les progrès de la science en font une hypothèse dérisoire, inutile. Puis ils s'attaquent (groupement de textes n°3)) aux sources de la religion en montrant que son fondement ne réside ni dans la révélation, ni dans les textes sacrés mais, suivant la tradition de la critique religieuse proposée par le matérialisme antique, dans la crainte, comprise comme produit aussi bien de l'environnement naturel que de

l'environnement social. Passant ensuite du plan de la critique théorique à la critique pratique (groupement de textes n°4) ils dénoncent le christianisme comme religion de la sanctification des inégalités (Proudhon), religion de la servitude (Bakounine), exemple même du discours mensonger, distorsion entre la pensée et les actes (Kropotkine). Poursuivant leur analyse, ils montrent que le fait religieux est synonyme de régression et de rétrogradation morale, c'est le thème de la religion comme corruption de la nature humaine (groupement de textes n°5). Enfin ils dévoilent (n°6) la nature profondément oppressive de l'Église à l'égard du peuple, au moyen d'une analyse subtile de l'esprit féodal et esclavagiste de la religion pour aboutir à une conclusion ferme : la nécessité de choisir entre religion et révolution, d'en finir avec les Églises et les prêtres (n°7). La lecture de ces textes suffit, du reste, à nous convaincre non seulement que ces penseurs n'ont rien à voir avec le portrait d'intellectuels petits-bourgeois frileux que certains de leurs adversaires ont voulu nous transmettre, mais qu'il s'agit au contraire de penseurs révolutionnaires conséquents et visiblement décidés à en découdre avec la religion comprise comme instrument premier de la domination et du maintien du peuple dans l'esclavage intellectuel.

1. Le refus de la philosophie idéaliste

Dominante, omnipotente, omniprésente dans les classes dirigeantes ainsi que dans la vie publique, la pensée idéaliste qui proclame que la vie des hommes est surdéterminée par des idées métaphysiques supérieures (Dieu, Esprit, Bien, Mal...) et sert depuis la préhistoire à justifier l'ordre établi, a trouvé dans les penseurs libertaires ses plus redoutables ennemis. Proudhon dénonce dans toute son œuvre l'obsession idéaliste des philosophes qui refusent de partir des phénomènes concrets et objectifs pour analyser le réel. Franchissant un pas de plus, Bakounine se déclare quant à lui clairement matérialiste et fustige la mauvaise foi des métaphysiciens et des théologiens qui caricaturent l'idée de matière afin de triompher à peu de frais de l'école de pensée matérialiste. Kropotkine enfin parachève l'inscription de la pensée libertaire dans le camp du matérialisme en la faisant reposer sur un triple fondement scientifique : physique, physiologique et bien sûr biologique car c'est à la biologie de Darwin que le camp du matérialisme doit, à la fin du XIX*e siècle, ses plus éclatantes victoires. Ce qui est en jeu pour ces trois penseurs révolutionnaires c'est tout autant la question de savoir quel est l'objet véritable de la philosophie (la matière, le monde ou les idées fumeuses des métaphysiciens) que le statut de l'homme qui est au centre de la question politique et sociale. Aussi, ce que l'on voit apparaître dans le programme libertaire contre l'idéalisme aristocratique, féodal et bourgeois n'est rien d'autre qu'une nouvelle conception de l'humanité, une nouvelle anthropologie révolutionnaire, qui fait de l'homme le cœur et l'acteur de sa propre histoire.*

PROUDHON : « Le jardin du philosophe, c'est le spectacle de l'univers »[1]

Le jardin du philosophe, c'est le spectacle de l'univers. Vérifiez sans cesse vos observations ; mettez de l'ordre dans vos idées, soignez vos analyses, vos récapitulations, vos conclusions ; soyez sobres de conjectures et d'hypothèses ; méfiez-vous des probabilités et surtout des autorités ; ne croyez sur parole âme qui vive, et servez vous de l'idéal comme d'un moyen de construction scientifique et de contrôle, mais ne l'adorez pas. Ceux qui, dans tous les temps, ont prétendu dégager la science de tout empirisme et élever l'édifice de la philosophie sur les idées métaphysiques

1. Tous les extraits présentés sont exempts de coupe ou de modification. La typographie d'origine (mots en italiques ou en capitales dans le texte) est préservée.

seules, n'ont réussi qu'à se faire les plagiaires de l'ancienne théologie. Leurs contrefaçons sont retombées sur leur tête ; leur transcendantalisme a entraîné dans sa ruine le surnaturel auquel de tout temps avaient cru les peuples, et ils ont achevé de perdre ce qu'ils voulaient sauver. Souvenez-vous, enfin, qu'il n'y a pas plus de science innée ou révélée que de privilèges innés ou de richesse tombée du ciel ; et que, comme tout bien-être doit s'obtenir par le travail, à peine de vol, de même toute connaissance doit être le fruit de l'étude, à peine de faux.

De la Justice dans la Révolution et dans l'Église

BAKOUNINE : « Les idéalistes ont tort et les matérialistes ont raison »

Les idéalistes de toutes les écoles, aristocrates et bourgeois, théologiens et métaphysiciens, politiciens et moralistes, religieux, philosophes ou poètes, sans oublier les économistes libéraux, adorateurs effrénés de l'idéal, comme on sait, s'offensent beaucoup, lorsqu'on leur dit que l'homme, avec son intelligence magnifique, ses idées sublimes et ses aspirations infinies, n'est, comme tout ce qui existe dans le monde, qu'un produit de la vile *matière*.

Nous pourrions leur répondre que la matière dont parlent les matérialistes, matière spontanément, éternellement mobile, active, productive, la matière chimiquement ou organiquement déterminée est manifestée par les propriétés ou les forces mécaniques, physiques animales et intelligentes, qui lui sont forcément inhérentes, que cette matière n'a rien de commun avec *la vile matière* des idéalistes. Cette dernière, produit de leur fausse abstraction, est effectivement une chose stupide, inanimée, immobile, incapable de donner naissance au moindre produit, un *caput mortuum*, une vilaine imagination opposée à cette belle imagination qu'ils appellent Dieu ; vis-à-vis de l'Être suprême, la matière, leur matière à eux, dépouillée par eux-mêmes de tout ce qui en constitue la matière réelle, représente nécessairement le suprême néant. Ils ont enlevé à la matière l'intelligence, la vie, toutes les qualités déterminantes, les rapport actifs ou les forces, le mouvement même, sans lequel la matière ne serait pas même pesante, ne lui laissant que l'impénétrabilité et l'immobilité absolue dans l'espace ; ils ont attribué toutes ces forces, propriétés et manifestations naturelles à l'être imaginaire créé par leur fantaisie abstractive ; puis, intervertissant les rôles, ils ont appelé ce produit de leur imagination, ce fantôme, ce Dieu qui est le néant, « Être suprême » ; et, par une conséquence nécessaire, ils ont déclaré que l'Être réel, la matière, le monde, était le néant. Après quoi, ils viennent nous dire gravement que cette matière est incapable de rien produire, ni même de se mettre en mouvement par elle-même, et que par conséquent elle a dû être créée par leur Dieu.

Qui a raison, les idéalistes ou les matérialistes ? Une fois la question posée, l'hésitation devient impossible. Sans doute, les idéalistes ont tort et les matérialistes ont raison. Oui, les faits priment les idées ; oui, l'idéal, comme l'a dit Proudhon, n'est qu'une fleur, dont les conditions matérielles d'existence constituent la racine. Oui, toute l'histoire intellectuelle et morale, politique et sociale de l'humanité est un reflet de son histoire économique.

Dieu et l'État

KROPOTKINE : « La lutte fut terrible ; mais les matérialistes en sortirent vainqueurs »

Mais maintenant, après 1848, Darwin et Wallace osèrent affirmer carrément la même hérésie, et Darwin eut même le courage d'ajouter que l'homme aussi s'était développé par la voie d'une lente évolution physiologique : qu'il tirait son origine d'une espèce d'animaux semblables aux singes ; que l'« esprit immortel » et l'« âme morale » de l'homme s'étaient développés de la même façon que l'esprit et les coutumes sociales d'un chimpanzé ou d'une fourmi.

On sait quels tonnerres furent lancés par les vieux savants sur la tête de Darwin et surtout sur celle de son courageux, savant et intelligent apôtre Huxley, parce qu'il soulignait celles des conclusions du darwinisme qui épouvantaient le plus les prêtres de toutes les religions.

La lutte fut terrible ; mais les darwinistes en sortirent vainqueurs. Et depuis lors, toute une nouvelle science, la biologie, *la science de la vie* dans toutes ses manifestations a grandi sous nos yeux.

L'œuvre de Darwin donna en même temps une nouvelle méthode d'investigation pour la compréhension de toutes sortes de phénomènes, dans la vie de la matière physique, dans celle des organismes et dans celle des sociétés. L'idée d'un *Développement continu*, c'est-à-dire de l'*Évolution*, et d'une adaptation graduelle des êtres et des sociétés aux nouvelles conditions, à mesure que celles-ci se modifient, cette idée trouva une application beaucoup plus large que celle d'expliquer l'origine de nouvelles espèces. Lorsqu'elle fut introduite dans l'étude de la nature en général, ainsi que dans l'étude des hommes, de leurs facultés et de leurs institutions sociales, elle ouvrit de nouveaux horizons et donna la possibilité d'expliquer les faits les plus incompréhensibles dans le domaine de toutes les branches du savoir. En se basant sur ce principe, si riche de conséquences, il fut possible de reconstituer non seulement l'histoire des organismes, mais aussi l'histoire des institutions humaines.

La Science moderne est l'Anarchie

2. La critique de l'idée de Dieu

Violemment hostiles à la religion qui maintient leurs contemporains dans une misère intellectuelle et morale sordide, les penseurs libertaires s'attaquent en priorité à l'idée suprême, à l'idée des idées, à Dieu. « Ni Dieu ni maître » demeure, à la suite de Blanqui, la devise de tous les anarchistes. C'est que l'idée de Dieu n'est pas une idée comme les autres, elle surplombe tout le système de l'ordre politique et idéologique en place, elle est la véritable clé de voûte de l'esprit rétrograde et de la contre-révolution. Proudhon, par conséquent, ne propose rien moins que d'éliminer de la réflexion morale et politique cet « absolu des absolus qui est Dieu » et s'il demeure officiellement agnostique à titre personnel, la place qu'il accorde à la divinité est si ridicule, qu'elle fait songer à la critique d'Épicure rejetant les Dieux dans des arrière-mondes lointains, sans action possible sur la vie des hommes. Bakounine se veut encore plus offensif et propose une démonstration de l'inexistence de Dieu par la liberté de l'homme : L'homme est libre ; or l'idée de Dieu nie la liberté de l'homme ; donc Dieu n'existe pas. Enfin Kropotkine clôt le chapitre en renvoyant la divinité à une hypothèse sans intérêt, définitivement écartée par le progrès des schémas explicatifs de la science moderne. En ce sens il s'inscrit dans la perspective positiviste de son temps et dans celle du grand physicien Laplace qui avait répondu à Napoléon Ier, s'étonnant de ne voir aucune mention de Dieu dans son système d'astronomie : « Sire, je n'ai pas besoin de cette hypothèse ».

PROUDHON : « Éliminer l'absolu c'est faire apparaître la raison des choses »

Aristote a dit que le théâtre avait pour objet de *purger les passions*.

Ce que nous cherchons en ce moment, ce dont l'Église et toute la philosophie attestent le besoin, est un moyen de *purger les idées*.

Purger les idées, dans la sphère des sciences naturelles, M. Babinet nous l'a dit, c'est étudier par l'observation directe, répétée et soigneusement contrôlée, des phénomènes, les *rapports* des choses, ou, comme dit M. Cournot, la raison des choses ; en d'autres termes, c'est éliminer de la considération des choses l'ABSOLU. Nos lecteurs savent désormais ce que nous entendons par là.

D'où il suit, en renversant la proposition, qu'éliminer l'absolu c'est faire apparaître la raison des choses ; et comme dans cette raison des choses consiste, pour nous, la réalité même des choses, il en résulte en dernière analyse qu'éliminer l'absolu, c'est donner aux choses la réalité, c'est, pour l'homme qui en cherche l'utilité, les créer.

Purger les idées, dans la sphère des sciences morales, ce sera donc, *a pari* [de manière identique] déterminer, au moyen de l'observation historique et de l'étude des transactions sociales, les rapports ou la raison des actes humains, sans y mêler rien de l'absolu humain, à plus forte raison de l'absolu surhumain quelque nom qu'ils prennent l'un et l'autre, ange, archange, domination, principauté, trône, communauté, etc., jusque et y compris le chef de cette incommensurable hiérarchie, Absolu des absolus, qui est Dieu.

De la Justice dans la Révolution et dans l'Église

BAKOUNINE : « L'homme peut, doit être libre ; donc Dieu n'existe pas »

N'en déplaise donc aux métaphysiciens et aux idéalistes religieux, philosophes, politiciens ou poètes : *L'idée de Dieu implique l'abdication de la raison et de la justice humaine ; elle est la négation la plus décisive de la liberté humaine et aboutit nécessairement à l'esclavage des hommes, tant en théorie qu'en pratique.*

À moins de vouloir l'esclavage et l'avilissement des hommes, comme le veulent les jésuites, comme le veulent les mômiers, les piétistes, les méthodistes protestants, nous ne pouvons, nous ne devons faire la moindre concession, ni au Dieu de la théologie, ni à celui de la métaphysique. Celui qui, dans cet alphabet mystique, commence par Dieu, devra fatalement finir par Dieu ; celui qui veut adorer Dieu, doit sans se faire de puériles illusions, renoncer bravement à sa liberté et à son humanité.

Si Dieu est, l'homme est esclave ; or l'homme peut, doit être libre ; donc Dieu n'existe pas.

Je défie qui que ce soit de sortir de ce cercle, et maintenant qu'on choisisse.

Dieu et l'État

Bakounine : « Le ciel religieux n'est autre chose qu'un mirage »

Toutes les religions, avec leurs dieux, leurs demi-dieux et leurs prophètes, leurs messies et leurs saints, ont été créées par la fantaisie crédule des hommes, non encore arrivés au plein développement et la pleine possession de leurs facultés intellectuelles. En conséquence, le ciel religieux n'est autre chose qu'un mirage, où l'homme, exalté par l'ignorance et la foi, retrouve sa propre image, mais agrandie et renversée, c'est-à-dire *divinisée.* L'histoire des religions, celle de la naissance, de la grandeur et de la décadence des dieux qui se sont succédé dans la croyance humaine, n'est donc rien que le développement de l'intelligence et de la conscience collectives des hommes. À mesure que, dans leur marche historiquement progressive, ils découvraient, soit en eux-mêmes, soit dans la nature extérieure, une force, une qualité, ou même un grand défaut quelconques, ils les attribuaient à leurs dieux après les avoir exagérés, élargis outre mesure, comme le font ordinairement les enfants, par un acte de leur fantaisie religieuse. Grâce à cette modestie et à cette pieuse générosité des hommes croyants et crédules, le ciel s'est enrichi des dépouilles de la terre, et, par conséquence nécessaire, plus le ciel devenait riche et plus l'humanité, plus la terre, devenaient misérables. Une fois la divinité installée, elle fut naturellement proclamée la cause, la raison, l'arbitre et le dispensateur absolu de toutes choses ; et l'homme, son vrai créateur, après l'avoir tirée du néant à son insu, s'agenouilla devant elle, l'adora et se proclama sa créature et son esclave.

Dieu et l'État

Kropotkine : « Sans avoir recours à un créateur »

Prédire dans quelle direction la science marchera dorénavant, est certainement impossible. Tant que les savants dépendront des riches et des gouvernements, leur science en subira inévitablement le cachet, et ils pourront toujours produire un temps d'arrêt, comme celui qu'ils produisirent dans la première moitié du XIXe siècle. Mais une chose est certaine. C'est que dans la science, telle qu'elle se présente aujourd'hui, il n'y a plus besoin, ni de l'hypothèse dont Laplace sut se passer, ni des « petits mots » métaphysiques dont se moquait Goethe. Nous pouvons déjà lire le livre de la Nature, y compris celui du développement de la vie organique et de l'humanité, sans avoir recours à un créateur, à une « force vitale » mystique, ou à une âme immortelle, et sans consulter la trilogie de Hegel, ni cacher notre ignorance derrière n'importe quels symboles métaphysiques, que nous aurions doués nous-mêmes d'existence réelle. Les phénomènes *mécaniques*, devenant de plus en plus compliqués à mesure que nous passons de la physique aux faits de la vie, mais restant toujours mécaniques, nous suffisent pour explication de la Nature entière, et de la vie organique, intellectuelle et sociale que nous y découvrons.

Sans doute, il reste encore beaucoup d'inconnu, de sombre et d'incompris par nous dans l'univers ; sans doute, il s'ouvrira toujours de nouvelles lacunes dans notre savoir, à mesure que les vieilles lacunes seront comblées. Mais nous ne voyons pas de région dans laquelle il nous serait impossible de trouver l'explication des phénomènes, en nous adressant aux simples faits physiques, ceux qui se produisent lorsque deux billes de billard se rencontrent, ou lors de la chute d'une pierre, ou bien aux faits chimiques que nous voyons autour de nous. Ces faits *mécaniques* nous suffisent jusqu'à présent pour expliquer toute la vie de la Nature. Nulle part ils ne nous ont fait défaut : et nous n'entrevoyons pas la probabilité de jamais découvrir une région où les faits mécaniques ne nous suffiraient plus. Rien, jusqu'à présent, ne nous en fait soupçonner l'existence.

La Science moderne et l'Anarchie

3. À l'origine du sentiment religieux, la crainte

Lorsque la religion s'interroge sur son origine elle se présente traditionnellement comme le produit d'une révélation faite à quelque prophète inspiré, à un élu ayant pour mission de partager avec les autres hommes l'enseignement de la parole divine. La généalogie du fait religieux par les philosophes libertaires aboutit à des conclusions radicalement opposées. S'inscrivant dans la perspective des philosophes matérialistes de l'antiquité, Épicure et Lucrèce, elle découvre que les fondements de la religion résident dans l'environnement physique et social, dans le sentiment que peut provoquer ce même environnement : la crainte. Ainsi Proudhon nie que la religion soit le produit d'une alliance de l'homme avec Dieu, au contraire, tout dans son histoire et dans son étymologie relève de la peur de l'homme devant un

Dieu tout-puissant. La religion ne relie pas, elle soumet. Bakounine dénonce lui aussi la crainte religieuse liée à la fragilité de la situation de l'homme dans son environnement naturel. Kropotkine enfin, proposant une approche sociologique, rappelle que c'est sur des faits matériels, sur la nécessité de maintenir l'ordre moral et politique dans des groupes sociaux constitués que se forme l'établissement des rites sacrés.

Proudhon : « Le mot religion sur lequel on a débité tant de fadaises »

Le mot *religion*, sur lequel on a débité et l'on débite encore tant de fadaises, ne signifie pas lien ou liaison, comme l'ont cru à première vue les étymologistes, qui se sont empressés de faire la religion synonyme de sociabilité. *Religio, religare,* relier, cette homonymie fait fureur. Depuis le 2 décembre, date apparemment de notre renaissance religieuse, je l'ai rencontrée plus de trente fois. Elle est devenue, pour beaucoup de gens sans religion, un argument décisif en faveur d'une religion ou *réligation* nouvelle. Mais, je le répète, ni le mot religion ne signifie rien, ni la chose qui l'exprime n'est l'union ou la communion des âmes, bien que la religion ne se conçoive guère sans une foi commune et un signe de ralliement. Les anciens étaient fort peu *socialistes.* La religion, quoiqu'elle recommandât la Justice, parfois même la charité, n'était nullement en eux une inspiration de la philanthropie ; et c'est avec peu d'intelligence que les nouveaux mystiques, pour faire passer leurs théories sociétaires, ressassent une idée qui n'exista jamais que dans leur cerveau, et qui prouve tout juste que la religion est morte, l'inintelligence du vocable indiquant la mort de l'idée.

Religio, ou *relligio*, dont le radical *lig* reparaît dans *p-lic-are, f-lec-tere, supp-lic-are,* ployer, courber, et par dérivation, lier, est un vieux mot qui veut dire inclinaison du corps, révérence, courbette, génuflexion. On s'en servait exclusivement pour désigner l'hommage de l'homme à l'autorité divine. Les auteurs latins ne le prennent jamais dans un autre sens.

De la Justice dans la Révolution et dans l'Église

PROUDHON : « Toute religion est une crainte respectueuse de la Divinité »

Autre chose est, d'après la Bible, la *religion* de Jéhovah, et autre chose son pacte. C'est à tort que Bergier, et Monseigneur Gousset après lui, ont confondu ces deux termes, et qu'ils ont dit, d'après la fausse étymologie de *relligio*, que la religion est l'alliance de l'homme avec la divinité.

Les écrivains du siècle de Louis XIV s'expriment comme les Latins, les Grecs, les Hébreux :

Toute religion, dit La Bruyère, *est une crainte respectueuse de la Divinité.*

Tout ce qui compose le culte des dieux (*cultus*, de *colere*, cultiver, parer, honorer, religionner) se déroule en un série homogène : offrandes, sacrifices, libations, prières, hymnes de louanges, invocations, propitiations, purifications, pardons, expiations, vœux, processions, feu sacré, eau lustrale, consécrations, statues, temples, etc. Faites de la religion le lien ou l'alliance sociale et tout cela devient inintelligible, absurde.

De la Justice dans la Révolution et dans l'Église

BAKOUNINE : « La religion commence par la crainte »

Tous les animaux vivant en liberté sont farouches, ce qui prouve qu'ils vivent dans une peur instinctive, incessante, qu'ils ont toujours le sentiment du danger, c'est-à-dire celui d'une influence toute-puissante qui les poursuit, les pénètre et les embrasse toujours et partout. Cette crainte, la crainte de Dieu, disent les théologiens, est le commencement de la sagesse, c'est-à-dire de la religion. Mais chez les animaux elle ne devient pas religion, parce qu'il leur manque cette puissance de réflexion qui fixe le sentiment, en détermine l'objet et le transforme en conscience, en pensée. On a eu donc raison de prétendre que l'homme est religieux par nature, il est comme tous les animaux, mais lui seul, sur cette terre, a la conscience de sa religion.

La religion, a-t-on dit, est le premier réveil de la raison ; oui, mais sous la forme de la déraison. La religion, avons-nous observé tout à l'heure, commence par la crainte. Et en effet l'homme, en se réveillant aux premières lueurs de ce soleil intérieur, que nous appelons la conscience de soi-même, et sortant lentement pas à pas de ce demi-sommeil magnétique, de cette existence toute d'instinct qu'il menait, lorsqu'il se trouvait encore à l'état de pure innocence, c'est-à-dire d'animal : étant d'ailleurs né, comme tout animal, dans la crainte de ce monde extérieur, qui le produit et le nourrit, il est vrai, mais qui, en même temps, l'opprime, l'écrase et menace de l'engloutir à toute heure, l'homme a dû avoir nécessairement pour premier objet de sa naissante réflexion cette crainte même.

Fédéralisme, Socialisme et Antithéologisme

Kropotkine : « Pour maintenir cette crainte, des rites sacrés s'établissent »

La coutume, c'est-à-dire l'habitude de vivre comme autrefois, la crainte des changements et l'inertie de la pensée forment ainsi le facteur principal de la conservation des règles sociales établies. Mais les écarts individuels restent toujours possibles, et pour sauvegarder dans toute leur pureté les modes de vie une fois établis, les anciens, les devins, les sorciers ont recours à l'intimidation. Ils menacent les violateurs des coutumes : la vengeance des ancêtres et des différents esprits peuplant le monde de l'air s'abattra sur eux. L'esprit de la montagne ou de la forêt, l'avalanche de neige, l'ouragan, l'inondation, les maladies, etc. se lèvent à la défense de la tradition outragée. Et pour maintenir cette crainte d'un châtiment provoqué par la violation des règles et des coutumes, des rites sacrés s'établissent, exprimant l'adoration des puissances naturelles ; des sacrifices leur sont offerts et diverses cérémonies mi-théâtrales sont pratiquées.

La morale se trouve ainsi placée sous la sauvegarde de forces divinisées, et l'adoration de ces forces devient une religion qui fixe et sanctifie les notions morales.

Dans ces conditions, la morale se trouve si étroitement liée à la mythologie et à la religion qu'il devient très difficile de séparer l'élément moral des prescriptions mystiques d'en haut et de la religion en général ; et ce lien, élaboré au cours des siècles entre la morale et la religion, se conserve jusqu'à notre époque même.

L'Éthique

4. Un modèle de religion à combattre : le christianisme

À l'époque où Proudhon, Bakounine et Kropotkine écrivent, c'est le christianisme qui en Europe se manifeste avec le plus de violence et d'intolérance contre les volontés émancipatrices des peuples. Désireuse de se venger de la révolution de 1789 et de se prémunir contre son éventuel retour, l'Église a engagé au côté des puissances monarchiques un combat à mort contre toutes les forces révolutionnaires et progressistes. L'enjeu est de taille puisqu'il s'agit ni plus ni moins que d'effacer toute velléité de contestation de l'ordre social en place. Les penseurs libertaires le savent bien, eux qui concentrent toutes leur forces contre le christianisme. Ainsi Proudhon dénonce la servitude inscrite au cœur de la religion chrétienne, en son essence inégalitaire et contraire aux principes de la justice révolutionnaire. Bakounine, à sa suite, fustige l'Église chrétienne et son

Dieu écrasant dont la parole ne sert qu'à sanctifier les actes liés à la répression d'État. Kropotkine quant à lui choisit de mettre en évidence les contradictions insupportables entre le message d'amour des évangiles, les belles paroles sur l'égalité et la cruauté des châtiments imposés par l'institution ecclésiale au cours des siècles.

Proudhon : « Dans le christianisme, la condition des personnes n'est pas la même »

Dans le christianisme, la condition des personnes n'est pas la même : l'inégalité, comme nous verrons, est providentielle. Il est nécessaire qu'une partie, la plus nombreuse, de l'humanité *serve* l'autre. Pour que ce service soit obtenu il faut sacrifier la dignité humaine : comment le peuple y consentira-t-il s'il n'y est amené par la religion, par la foi ? Subordination, hiérarchie, obéissance, service, exploitation de l'homme par l'homme, tout cela suppose déchéance, pénitence, sinon apparente, au moins dans l'esprit, ce qui est bien autrement grave et qui seul est l'essentiel ; abnégation du moi et de ses prérogatives.

Dans ce système d'une féodalité raffinée, on se gardera d'enseigner comme article de foi que les privilégiés ont plus de mérite devant Dieu que les sacrifiés, que les riches hommes sont d'origine plus sainte que les « bons hommes », comme la plèbe dévote se nommait au XIIe siècle. La religion ne commet pas de ces imprudences. On rejettera sur la Providence le décret qui privilégie ceux-ci en déshéritant ceux-là ; on rappellera aux premiers l'humilité devant Dieu, le sacrifice en esprit, la charité envers leurs frères, le rachat de leur prérogative temporelle par la foi et par le culte ; on apprendra aux seconds la résignation en leur promettant d'ailleurs des dédommagements à leur misère dans la vie éternelle.

De la Justice dans la Révolution et dans l'Église

Bakounine : « Le christianisme manifeste… l'essence de toute religion »

Le christianisme est précisément la religion par excellence parce qu'il expose et manifeste la nature même de l'essence de toute religion, qui sont : l'appauvrissement, l'anéantissement et l'asservissement systématiques, absolus, de l'humanité au profit de la divinité, principe suprême non seulement de toute religion, mais encore de toute métaphysique soit théiste, soit même panthéiste. Dieu étant tout, le monde réel et l'homme ne sont rien. Dieu étant la vérité, la justice et la vie infinie, l'homme est le mensonge, l'iniquité et la mort. Dieu étant le maître, l'homme est esclave. Incapable de trouver par lui-même le chemin de la justice et de la vérité, il doit les recevoir comme une révélation d'en haut, par l'intermédiaire des envoyés et des élus de la grâce divine. Qui dit révélation dit révélateurs, dit prophètes, dit prêtres et ceux-ci une fois reconnus comme les représentants de la divinité sur la terre, comme les instructeurs et les initiateurs de l'humanité à la vie éternelle, reçoivent par la même la mission de la diriger, de la gouverner et de lui commander ici-bas. Tous les hommes leur doivent une foi et une obéissance absolues ; esclaves de Dieu, ils doivent l'être aussi de l'Église et de l'État en tant que celui-ci est béni par l'Église. C'est ce que de toutes les religions qui existent ou qui ont existé, le christianisme a seul parfaitement compris, et, ce que, parmi toutes les sectes chrétiennes, le catholicisme romain a seul proclamé et réalisé avec une conséquence rigoureuse.

Fédéralisme, Socialisme et Antithéologisme

Bakounine : « Le joug humiliant et pénible de la divinité »

Nous ne prétendons pas nier la nécessité historique de la religion, ni affirmer qu'elle ait été un mal absolu dans l'histoire. Si c'en est un, elle fut et malheureusement elle reste encore aujourd'hui pour l'immense majorité de l'humanité ignorante, un mal inévitable, comme le sont, dans le développement de toute humaine faculté, les défaillances, les erreurs. La religion, avons-nous dit, c'est le premier réveil de l'humaine raison sous la forme de la divine déraison ; c'est la première lueur de l'humaine vérité à travers le voile divin du mensonge ; la première manifestation de la morale humaine ; de la justice et du droit, à travers les iniquités historiques de la grâce divine ; c'est enfin l'apprentissage de la liberté sous le joug humiliant et pénible de la divinité, joug qu'il faudra bien finir par briser, afin de conquérir pour tout de bon la raison raisonnable, la vérité vraie, la pleine justice et la réelle liberté.

Par religion, l'homme animal, en sortant de la bestialité, fait un premier pas vers l'humanité ; mais tant qu'il restera religieux, il n'atteindra jamais son but, parce que toute religion le condamne à l'absurde et, faussant la direction de ses pas, le fait chercher le divin au lieu de l'humain. Par la religion, les peuples à peine délivrés de l'esclavage naturel, dans lequel restent plongées toutes les autres espèces d'animaux, retombent aussitôt dans l'esclavage des hommes forts et des castes privilégiées par la divine élection.

Fédéralisme, Socialisme et Antithéologisme

KROPOTKINE : « Cette idée de deux forces ennemies en lutte »

Les religions de l'Égypte, de la Perse et de l'Inde ne se contentaient pas de personnifier les forces naturelles, comme le faisaient les religions païennes de la Grèce et de Rome. Elles voyaient dans le monde la lutte de deux principes de puissance égale : le Bien et le Mal, la Lumière et les Ténèbres, et cette même lutte, elles la transportaient dans le cœur de l'homme. Cette idée de deux forces ennemies en lutte pour la prédominance dans le monde, entra peu à peu dans le christianisme comme un principe essentiel. Ensuite, la notion du diable puissant qui s'empare de l'âme humaine fut largement utilisée, pendant des siècles, par l'Église chrétienne pour exterminer avec une férocité incroyable tous ceux qui osaient critiquer ses représentants.

L'Église répudia donc résolument, dans la vie, la bonté et le pardon préconisés par le fondateur du christianisme, sentiments qui la différenciaient de toutes les autres religions, sauf le bouddhisme. Plus encore : sa cruauté dans la persécution de ses adversaires ne connut pas de bornes.

Les disciples du Christ, même les plus proches, allèrent encore plus loin dans la voie des déviations. S'écartant de plus en plus de l'enseignement primitif, ils en arrivèrent à amener l'Église chrétienne à conclure une alliance étroite avec les rois ; aussi, aux yeux des « princes de l'Église », les vrais disciples du Christ devinrent-ils même dangereux, à ce point dangereux que l'Église occidentale ne permettait pas de publier l'Évangile autrement que dans une langue absolument incompréhensible pour le peuple, le latin, et en Russie dans une langue peu compréhensible, l'ancien slave.

L'Éthique

5. L'influence corruptrice de la religion

La puissance régressive de la religion est si fortement ancrée dans l'esprit des masses, qu'une simple dénonciation du rôle nocif du christianisme au plan social ne suffirait pas à convaincre les individus de se séparer du joug de la religion. Il faut mettre en évidence sa dimension essentiellement corruptrice, avilissante à l'égard de toute humanité. C'est ce à quoi s'attachent nos trois auteurs. Proudhon montre le caractère dégradant de la représentation de l'homme par la théologie : que ce soit celle de Saint Paul ou de Luther, la nature humaine est toujours décrite comme coupable, fautive, accablée par le péché. Bakounine insiste quant à lui sur le mal fait par la religion à l'égard du développement des peuples et plus particulièrement du développement de la raison. Kropotkine pour finir nous rappelle quel obscurcissement des idées et quel frein au progrès de la science représenta la toute puissance de l'Église dans le domaine de la connaissance, particulièrement entre le II*e et le* XII*e siècle après J.-C. Là encore ce qui est en jeu pour nos trois auteurs, n'est pas la simple évaluation théorique de l'apport de la chrétienté mais bel et bien l'image concrète que l'homme doit se faire de lui-même s'il veut être libre.*

PROUDHON : « Si par nature nous sommes vicieux… la religion nous rend pire »

La pédagogie de l'Église, de même que son économie et sa politique, a donc pour point de départ le dogme de notre malice innée, qu'il est utile en ce moment que je rappelle.

L'homme, par l'infection de sa nature, ne peut de lui-même vouloir efficacement et pratiquer le bien.

Il n'y a point, disait Luther d'après Saint Paul, dans l'homme non justifié par le Christ, de vertu morale sans orgueil et sans tristesse, c'est-à-dire sans péché. Ainsi, nous ne devenons pas justes en faisant ce qui est juste ; mais, étant devenus justes, nous faisons ce qui est juste.

Ce principe admis, la question de l'éducation se réduit pour tout chrétien, et, nous le verrons bientôt, pour tout esprit religieux, à enseigner à l'homme, avec les préceptes de la morale qui par eux-mêmes resteraient impuissants, les pratiques sacramentelles ou justifiantes, dont la dispensation constitue la spécialité propre de l'Église.

Eh bien, cette doctrine injurieuse, commune à toutes les religions jusqu'au déisme inclusivement, qui fait de l'homme un sujet incapable *a priori* de penser ses modes, de les vouloir, de les produire, d'y rester fidèle, un sujet réfractaire à sa propre essence ; cette contradiction psychologique, peut-être ma raison, accablée du déluge de crimes qui couvre la terre, n'y eût-elle pas répugné, si du moins il était vrai qu'elle apportât à la tyrannie du péché quelque allégement. Mais voilà précisément ce que je nie : je soutiens que, si par nature nous sommes vicieux et pervers, la religion, par sa méthode de justification, nous rend pires.

De la Justice dans la Révolution et dans l'Église

Bakounine : « Les influences religieuses démoralisent et corrompent les peuples »

Est-il besoin de vous rappeler, messieurs, jusqu'à quel point les influences religieuses démoralisent et corrompent les peuples ? Elles tuent en eux la raison, le principal instrument de l'émancipation humaine, et les réduisent à l'imbécillité, fondement principal de tout esclavage, en remplissant leur esprit de divines absurdités. Elles tuent en eux l'énergie du travail, qui est leur gloire et leur salut : le travail étant l'acte par lequel l'homme, devenant créateur, forme son monde, les bases et les conditions de son humaine existence, et conquiert en même temps sa liberté et son humanité. La religion tue en eux cette puissance productive, en leur faisant mépriser la vie terrestre, en vue d'une céleste béatitude, et en leur représentant le travail comme une malédiction ou comme un châtiment mérité, et le désœuvrement comme un divin privilège. Elle tue en eux la justice, cette gardienne sévère de la fraternité et cette condition souveraine de la paix, en faisant toujours pencher la balance en faveur des plus forts, objets privilégiés de la sollicitude, de la grâce et de la bénédiction divines. Enfin elle tue en eux l'humanité, en la remplaçant dans leur cœur par la divine cruauté.

Toute religion est fondée sur le sang, car toutes, comme on sait, reposent essentiellement sur l'idée du sacrifice, c'est-à-dire sur l'immolation perpétuelle de l'humanité à l'inextinguible vengeance de la Divinité. Dans ce sanglant mystère, l'homme est toujours la victime et le prêtre, homme aussi, mais homme privilégié par la grâce, est le divin bourreau. Cela nous explique pourquoi les prêtres de toutes les religions, les meilleurs, les plus humains, les plus doux, ont presque toujours dans le fond de leur cœur et sinon dans leur cœur, au moins dans leur esprit et dans leur imagination, et on sait l'influence que l'un et l'autre exercent sur le cœur, quelque chose de cruel et de sanguinaire : c'est pourquoi, lorsqu'on avait partout agité la question de l'abolition de la peine de mort, prêtres catholiques romains, orthodoxes moscovites et grecs, protestants, tous se sont unanimement déclarés pour son maintien !

Fédéralisme, Socialisme et Antithéologisme

KROPOTKINE : « Le christianisme prenait un empire de plus en plus grand sur les esprits »

Cependant, on voit se développer parallèlement la méfiance à l'égard de la nature humaine. Elle apparaît déjà au sein du monde gréco-romain, depuis Platon et ses disciples. Plus tard, sous l'empire des sombres conditions de vie à l'époque des grandes migrations des peuples, des faits révoltants dans la vie de la société romaine et aussi des tendances venues d'Orient, le pessimisme prit racine. On perdait la foi dans la possibilité d'atteindre un avenir meilleur par les efforts de l'homme lui-même. La certitude du triomphe de la force du mal sur la terre s'établissait, et les hommes cherchaient volontiers la consolation dans la croyance à une vie future où il n'y aura plus ni mal ni souffrances. Dans ces conditions, le christianisme prenait un empire de plus en plus grand sur les esprits. Il est remarquable, cependant, qu'il n'ait opéré aucun changement notable dans l'organisation générale de la vie. Non seulement il ne fit apparaître aucune forme nouvelle de vie, tant soit peu étendue, mais il accepta comme l'avait fait avant lui le paganisme l'esclavage romain, le servage normand et toutes les horreurs de l'autocratie romaine. Les prêtres chrétiens devinrent même bientôt un appui pour les empereurs. Les inégalités économiques et les pressions politiques restèrent ce qu'elles avaient été. Quant au niveau intellectuel général, il baissa notablement. Le christianisme ne créa aucune forme nouvelle de la vie sociale. Il s'en préoccupa peu, d'ailleurs, attendant toujours la Fin du Monde proche, de sorte que plus de mille ans passèrent avant que commençât en Europe (venant de sources tout à fait différentes, d'abord sur le littoral méditerranéen, puis à l'intérieur du continent) l'élaboration d'une vie nouvelle au sein des villes qui proclamaient leur indépendance. C'est dans ces nouveaux centres d'une vie libre, analogue, sous ce rapport, aux villes libres de la Grèce antique que commença la renaissance des sciences étouffées en Europe depuis les empires macédonien et romain.

L'Éthique

6. la nature esclavagiste de la religion

L'Europe du XIX*e siècle, celle de Metternich et de Bismarck, est une vaste prison. Or l'Église était tout à fait partie prenante de ce terrible système d'oppression politique et idéologique. Par son discours autoritaire, fondé sur la loi de l'obéissance en Dieu, elle renforce l'esprit de soumission si nécessaire au maintien de l'ordre par les différents pouvoirs en place. Proudhon dénonce cette nature asservissante de la religion en la rattachant à l'histoire du féodalisme, du servage, de la notion du* bon sujet obéissant et passif. *Bakounine* *franchit encore un cap en dévoilant la nature fondamentalement esclavagiste de la religion et en montrant le lien intime qu'elle entretient par là avec la figure de l'État autoritaire. Kropotkine, en parfait accord avec la pensée de ses prédécesseurs, rappelle que si le rôle historique de l'État centralisé fut de maintenir le peuple dans l'esclavage économique, celui de l'Église fut de le contraindre à l'esclavage intellectuel. À cette image de l'homme asservi, il oppose l'idéal d'une humanité libérée tant au plan individuel que collectif dans la société libertaire à venir.*

PROUDHON : « Le type du bon sujet, du sujet obéissant, passif, inerte dans sa conscience »

C'est ainsi que dans le système chrétien, la raison providentielle, subalternisant la raison juridique, est conduite à supprimer de partout la morale, remplacée par le régime de prédestination et de guerre.

Et c'est avec ce système d'immoralité dogmatique que l'Église se flatte de régénérer les sociétés, de consolider les États, d'éclairer la religion des princes, et de former de bons citoyens, ou, pour mieux dire, de bons sujets : car, comme nous l'avons vu précédemment nous donner tour à tour le *bon homme* et le *bon pauvre*, elle a découvert aussi le type du *bon sujet*, du sujet obéissant, passif, inerte dans sa conscience, dans sa raison, dans sa volonté, tel enfin qu'il le faut à l'absolutisme.

BON HOMME, BON PAUVRE, BON SUJET : ces trois mots résument la jurisprudence de l'Église, en ce qui touche les personnes, les biens, le gouvernement. C'est son *droit public*, son *droit de la paix et de la guerre*, son *droit domestique*, son *droit municipal*, son *droit administratif*, son *droit pénal*, son *droit des gens*.

Pour moi, entendez ceci, monseigneur : jusqu'à ce que le tonnerre d'un autre Sinaï, couvrant la voix de la Révolution par laquelle je jure, ait signifié aux mortels les décrets d'une autorité que ma RAISON avoue, je nie, à l'égal du Destin, votre Providence, et je déclare votre prédestination, votre discipline, non moins que la raison d'État de Machiavel, de Hobbes, de Spinoza, immorales, je récuse à la fois leur métaphysique et votre théologie.

De la Justice dans la Révolution et dans l'Église

BAKOUNINE : « Deux institutions fondamentales de l'esclavage : l'Église et l'État »

Dieu apparaît, l'homme s'anéantit ; et plus la divinité devient grande, plus l'humanité devient misérable. Voilà l'histoire de toutes les religions ; voilà l'effet de toutes les inspirations et de toutes les législations divines. Dans l'Histoire, le nom de Dieu est la terrible massue avec laquelle les hommes diversement inspirés, les grands génies, ont abattu la liberté, la dignité, la raison et la prospérité des hommes.

Nos avons d'abord eu la chute de Dieu. Nous avons maintenant une chute qui nous intéresse d'avantage, celle de l'homme, causée par la seule apparition de la manifestation de Dieu sur la terre.

Voyez dans quelle erreur profonde se trouvent nos chers et illustres idéalistes. En nous parlant de Dieu, ils croient, ils veulent nous élever, nous ennoblir, et au contraire, ils nous écrasent et nous avilissent. Avec le nom de Dieu, ils s'imaginent pouvoir établir la fraternité parmi les hommes, et, au contraire, ils créent l'orgueil, le mépris ; ils sèment la discorde, la haine, la guerre ; ils fondent l'esclavage. Car avec Dieu, viennent les différents degrés d'inspiration divine ; l'humanité se divise en hommes très inspirés, moins inspirés, non inspirés. Tous sont également nuls devant Dieu, il est vrai ; mais comparés les uns aux autres, les uns sont plus grands que les autres ; non seulement par le fait, ce qui ne serait rien, parce qu'une inégalité de fait se perd d'elle-même dans la collectivité, lorsqu'elle ne peut s'accrocher à aucune fiction ou institution légale ; mais de par le droit divin de l'inspiration : ce qui constitue une inégalité fixe, constante, pétrifiée. Les plus inspirés doivent être écoutés et obéis par les moins inspirés, par les non inspirés. Voilà le principe de l'autorité bien établi, et avec lui les deux institutions fondamentales de l'esclavage : l'Église et l'État.

Dieu et l'État

KROPOTKINE : « Retenir le peuple dans l'esclavage intellectuel »

L'Église eut pour mission de retenir le peuple dans un esclavage intellectuel. La mission de l'État fut de le retenir, demi-affamé, dans l'esclavage économique. On cherche maintenant à secouer les deux jougs.

Sachant cela nous ne pouvons pas considérer la soumission toujours croissante à l'État comme une garantie de progrès. Les institutions ne changent pas leur caractère au gré des théoriciens. Aussi cherchons-nous le progrès dans l'affranchissement, aussi complet que possible de l'individu et du groupe et, en même temps, dans la limitation des attributions de l'État – non dans leur agrandissement.

Nous nous représentons la marche en avant comme une marche : d'abord, vers l'abolition de l'autorité gouvernementale qui s'est imposée à la société, surtout au XVIe siècle, et n'a cessé de grandir depuis ses attributions ; et ensuite vers le développement aussi large que possible de l'élément d'entente, de contrat temporaire, en même temps que de l'indépendance de tous les groupements qui se feront dans un but déterminé et qui, par leurs fédérations finiront par couvrir toute la société. Avec cela nous nous représentons la société comme quelque chose qui n'est jamais constitué, mais qui est toujours rempli de vie et, par conséquent, change toujours de forme, selon les besoins de chaque moment.

La Science moderne et l'Anarchie

7. Choisir entre l'Église et la Révolution

La situation d'oppression morale et politique du peuple par l'Église dans l'Europe des papes et des Empires est si grande que le problème se pose clairement de choisir entre Religion et Révolution. En un temps où le socialisme n'est, du reste, pas encore clairement débarrassé de certaines de ses origines chrétiennes, comme on le voit chez Pierre Leroux, et tandis que le christianisme tente même quelques timides clins d'œil en direction de la pensée progressiste, avec Lamennais par exemple, les penseurs libertaires proposent une rupture radicale avec l'obscurantisme religieux. Pour eux, comme pour Marx, qui voyait en elle l'opium du peuple, la religion n'est susceptible d'aucune réforme, elle est trop nocive dans sa théorie aussi bien que dans sa pratique, il convient donc de s'en débarrasser, de choisir entre Révolution et Religion. Proudhon expose clairement la nécessité, au plan des principes, d'opérer un choix radical entre ces deux puissances. Bakounine affirme à sa suite que la Révolution aura la capacité de fermer les cabarets, qui ne sont souvent à l'époque que de sordides maisons de plaisir, aussi bien que les églises qui font tant de mal à la cause révolutionnaire, à la conscience du peuple. Enfin Kropotkine rappelle quelles mesures furent prises par les révolutionnaires français contre le clergé en 1793 : leur violence est on ne peut plus édifiante. C'est que, pour ces penseurs, la révolution n'est pas le produit de la recherche du juste milieu, de demi-mesures ou de fausses conciliations. Elle est exclusive, totale, ou elle n'est pas.

PROUDHON : « La Révolution et l'Église sont-elles appelées à une conciliation ? »

Une question se produit donc, fatale, et qui n'admet pas de déclinatoire :

La Révolution et l'Église, représentant chacune un élément de la conscience, sont-elles appelées à une conciliation ?

Ou bien l'une doit-elle être subordonnée à l'autre ?

Ou bien enfin ne serait-ce point que celle-ci ou celle-là doit s'éclipser ? Ce qui revient à demander si la Religion et la Justice, au point de vue de la Société, ne sont pas de leur nature incompatibles, la première devant se renfermer dans les limites de la conscience, tout au plus dans le cercle de la famille, tandis que la seconde embrasse tout ?

Fusion, subordination, ou élimination : il n'y a pas place pour une quatrième hypothèse.

Or, s'il se trouvait que la dernière de ces hypothèses fût la véritable, il deviendrait inutile de disserter plus longtemps sur les deux autres. Il y a donc tout avantage à se demander de prime abord : si la raison théologique n'est pas la négation même de la raison juridique, et *vice versa* ; si par conséquent, tandis que l'Église accuse la Révolution du scepticisme et de l'immoralité modernes, ce ne serait pas elle qui, par sa théologie, ayant obscurci de longue main les intelligences, aurait altéré en elle le sens du Droit et produit la dissolution qui nous tue ?

Qu'est-ce que la Religion et qu'est-ce que la Justice ? Que sont-elles l'une pour l'autre, et quelle est, dans la vie des peuples, leur fonction respective ? Tel est le problème. Il importe de le saisir dans son universalité, à peine de tomber dans de nouvelles et plus déplorables illusions.

De la Justice dans la Révolution et dans l'Église

Bakounine : « La Révolution sociale aura la puissance de fermer en même temps tous les cabarets et toutes les églises »

Écrasé par son travail quotidien, privé de loisir, de commerce intellectuel, de lecture, enfin de presque tous les moyens et d'une bonne partie des stimulants qui développent la réflexion dans les hommes, le peuple accepte le plus souvent, sans critique et en bloc, les traditions religieuses. Elles l'enveloppent dès le bas âge dans toutes les circonstances de sa vie et, artificiellement entretenues en son sein par une foule d'empoisonneurs officiels de toute sorte, prêtres et laïques, elles se transforment chez lui en une sorte d'habitude mentale, trop souvent plus puissante même que son bon sens naturel.

Il est une autre raison qui explique et qui légitime en quelque sorte les croyances absurdes du peuple.

Cette raison c'est la situation misérable à laquelle il se trouve fatalement condamné par l'organisation économique de la société, dans les pays les plus civilisés de l'Europe. Réduit, sous le rapport intellectuel et moral aussi bien que sous le rapport matériel, au minimum d'une existence humaine, enfermé dans sa vie comme un prisonnier dans sa prison, sans horizon, sans issue, sans avenir même, si l'on en croit les économistes, le peuple devrait avoir l'âme singulièrement étroite et l'instinct aplati des bourgeois pour ne point éprouver le besoin de s'en sortir ; mais pour cela, il n'a que trois moyens : dont deux fantastiques et le troisième réel. Les deux premiers sont le cabaret et l'église ; le troisième c'est la révolution sociale. Cette dernière, beaucoup plus que la propagande antithéologique des libres penseurs, sera capable de détruire les croyances religieuses et les habitudes de débauche dans le peuple, croyances et habitudes qui sont plus intimement liées ensemble qu'on ne le pense. En substituant aux jouissances à la fois illusoires et brutales du dévergondage corporel et spirituel, les jouissances aussi délicates que riches de l'humanité développée dans chacun et dans tous, la Révolution sociale aura la puissance de fermer en même temps tous les cabarets et toutes les églises.

Dieu et l'État

Kropotkine : « Impossibilité de gagner le clergé à la cause du progrès »

En outre, en établissant des rapports simples entre les unités de longueur, de surface, de volume, et de poids, le système métrique préparait, en y habituant l'esprit, la grande et géniale victoire des sciences au XIXe siècle, l'affirmation de l'unité des sciences physiques, de l'unité de la Nature.

Le nouveau calendrier républicain en fut la conséquence nécessaire. Il fut adopté par la Convention, sur deux rapports de Romme, lus le 20 septembre et 5 octobre, et un autre rapport de Fabre d'Églantine, lu le 24 novembre 1793. Il inaugurait dans le compte des années une nouvelle ère qui commençait la proclamation de la République en France, le 22 septembre 1792 (c'était aussi l'équinoxe d'automne), et il abandonnait la semaine chrétienne. Le dimanche disparaissait, le jour férié devenait le décadi.

Cette décision de la Convention, qui rayait de notre vie le calendrier chrétien, enhardit nécessairement ceux qui voyaient dans l'Église chrétienne et ses desservants l'appui le plus solide de la servitude. L'expérience que l'on avait faite avec le clergé assermenté avait démontré l'impossibilité de gagner le clergé à la cause du progrès. Aussi l'idée de supprimer le budget des cultes et de laisser aux croyants le soin d'entretenir eux-mêmes les ministres de leurs cultes, se posa nécessairement. Cambon la porta à la Convention dès novembre 1792. Mais à trois reprises la Convention décida de maintenir l'Église nationale, soumise à l'État, tout en sévissant contre les prêtres réfractaires.

Contre ceux-ci on fit des lois très sévères : la déportation pour les insermentés et, depuis le 18 mars 1793, la mort pour ceux qui seraient compromis dans les troubles à propos du recrutement ou qui, devant être déportés, seraient saisis sur le territoire de la

République. Au 21 octobre 1793, on décréta des lois encore plus expéditives, et la déportation fut appliquée aussi aux prêtres constitutionnels, assermentés, s'ils étaient accusés d'incivisme par six citoyens de leur canton. C'est qu'on se persuadait de plus en plus que les *jureurs* étaient souvent tout aussi dangereux que les *non-jureurs* ou *papistes*.

Les premières tentatives de « déchristianisation » furent faites à Abbeville et à Nevers. Le conventionnel Fouché qui se trouvait en mission à Nevers et qui agissait sans doute de concert et peut-être sous l'influence de Chaumette, qu'il rencontra dans cette ville, déclarait, le 26 septembre 1793, la guerre « aux cultes superstitieux et hypocrites », pour leur substituer « celui de la République et la morale naturelle ». Quelques jours après l'acceptation du nouveau calendrier il prit (le 10 octobre), un nouvel arrêté, d'après lequel les cérémonies des cultes ne pourraient êtres exercées qu'à l'intérieur de leurs temples respectifs ; toutes « les enseignes religieuses qui se trouvent sur les routes » etc., seraient anéanties, les prêtres n'oseraient plus paraître dans leurs costumes, ailleurs que dans leurs temples, et enfin les enterrements se feraient sans aucune cérémonie religieuse, dans des champs plantés d'arbres « sous l'ombre desquels s'élèvera une statue représentant le Sommeil. Tous les autres signes seront détruits », et « on lira sur la porte de ce champ, consacré par un respect religieux aux mannes des morts, cette inscription : *La mort est un sommeil éternel.* » Il expliquait aussi le sens de ces décrets à la population par des discours matérialistes.

La Grande Révolution

Deuxième partie

La lutte contre le principe d'autorité

Antiautoritarisme et antiétatisme

Deux grandes écoles de pensée se partagent le champ de la réflexion libertaire. D'une part, de manière très minoritaire, l'anarchisme de droite, élitiste, individualiste, qui dénonce l'autorité, l'État, au nom de l'individu roi, du moi absolu de Stirner par exemple ou du surhomme de Nietzsche. D'autre part l'anarchisme collectif, révolutionnaire, qui élabore sa critique de l'autorité et de l'État à partir d'un concept social de la liberté : c'est à cette deuxième école qu'appartiennent Proudhon, Bakounine et Kropotkine. Or si Marx dans L'Idéologie allemande *porte un coup fatal à la première tendance notamment à travers sa critique de Stirner, ses conclusions ne peuvent s'appliquer, nous allons voir pourquoi, à la deuxième école. C'est que Proudhon, aussi bien que Bakounine et que Kropotkine partent non pas de l'individu bourgeois isolé pour critiquer le pouvoir autoritaire, mais de la liberté humaine comprise dans son acception collective. Ainsi Proudhon conçoit la liberté comme un fait premier dans le cadre d'une nouvelle anthropologie, d'une nouvelle théorie de l'homme qui en fait de part en part un être collectif par l'intermédiaire de sa théorie de la Justice comme exigence de réciprocité dans la morale, le droit et la société (groupements de textes n°1 et 2). De même Bakounine ne conçoit pas la liberté en dehors de l'idée de mutualité et l'étend même à une conception collective qui préfigure la théorie de l'engagement sartrien : « je ne deviens libre vraiment que par la liberté des autres » (groupement de textes n°1 et 2). Kropotkine abonde dans le même sens en réfutant le paradigme d'une liberté à la Robinson Crusoë et en proposant une définition collective et antiautoritaire de la liberté. Cette liberté collective, comprise comme puissance, entre en contradiction avec une autre puissance, l'autorité, dont nos trois auteurs analysent la complexité des rapports (groupement n°3). Elle se trouve naturellement confrontée à la figure fondamentale de l'autorité, l'État, à son principe de légitimation par la violence, la raison d'État (groupement n°4) et à sa nature coercitive fondamentale (groupement °5). On retrouve ici du reste le lien qui unit l'Église à l'État dans leurs visées autoritaires, répressives : ces deux institutions se complètent, en effet, pour renforcer l'esclavage des corps et des âmes (groupement n°6). Après une telle critique de l'État autoritaire, on comprend mieux pourquoi toute légitimation de l'autorité étatique, à partir des théories du droit naturel, du contrat social de type rousseauiste, ne pouvaient qu'être rejetées par nos auteurs. Proudhon lui substitue sa théorie antiautoritaire du contrat synallagmatique, Bakounine lui refuse toute légitimité du fait de sa trop grande abstraction et Kropotkine, en s'appuyant sur la biologie évolutionniste, montre que l'hypothèse contractualiste est tout simplement fausse (groupement n°7). Enfin le refus du communisme d'État, dans le cadre duquel l'État central autoritaire prendrait en charge la gestion de tous les rapports humains, se déduit naturellement de la critique antiétatique (groupement n°8). C'est parce qu'ils voient que la nature intrinsèque de l'État ne peut être facilement changée que Proudhon dénonce l'idéal d'une gestion communiste par la dictature, la fameuse « dictature partout », que Bakounine proteste contre ce qui ressem-*

ble de près ou de loin à « un communisme ou un socialisme d'État » et que Kropotkine annonce de manière prophétique les désillusions consécutives aux choix étatiques de la politique communiste.

1. La liberté

Dans l'Europe des tyrans, celle de l'Église, du capitalisme naissant, des empereurs et des tsars, l'exigence révolutionnaire imposait de remettre la question de la liberté à une place prioritaire. C'est ce que firent les penseurs anarchistes. Proudhon après avoir montré que l'addition dynamique des facultés de l'homme produit sa liberté, enrichit ce concept avec l'idée de résistance et de spontanéité. La liberté est à la fois le produit de la spontanéité humaine mais aussi la puissance de résister à cette même spontanéité. Bakounine, toujours fidèle à son engagement matérialiste en propose une définition concrète et collective : elle devient alors un moyen de liaison, de réflexion mutuelle et non d'isolement ni d'exclusion. D'emblée il place la liberté sur le terrain social, matériel, concret. Enfin Kropotkine ouvre la voie à la définition moderne de la liberté par l'anarchisme comme refus de l'interdit, de la sanction, de la punition. Ce qu'il entrevoit c'est ni plus ni moins que la possibilité de constituer une société émancipée de la peur des punitions.

PROUDHON : « Le Champ est ouvert devant la spontanéité humaine »

Le champ est ouvert devant la spontanéité humaine. Il ne s'agit plus que de savoir comment cette spontanéité devient liberté ou franc arbitre ; comment, par l'énergie de son moi, l'homme s'affranchit non seulement de la nécessité externe, mais aussi de la nécessité de sa nature, pour s'affirmer décidément comme absolu.

Dans les êtres inférieurs, la spontanéité éclate fatalement devant les provocations du dehors ; elle n'est point maîtresse de réagir, ou de ne réagir pas, bien moins encore de se posséder et de désobéir à ses propres lois, qu'elle suit en aveugle, sans pouvoir s'en écarter jamais.

Il en est autrement de l'homme :

L'homme a le privilège, entre toutes les créatures dont il résume les attributs divers, non seulement de réagir ou de ne pas réagir, à son choix, contre le dehors, mais de résister à sa propre spontanéité, sous quelque forme qu'elle le sollicite, organique, intellectuelle, morale, sociale ; d'user et d'abuser de cette spontanéité, de la détruire, en un mot de nier en soi et hors de soi tout fatalisme, en se posant lui-même, et de plus en plus, comme expression renversée de l'Absolu.

Plus simplement :

L'homme, parce qu'il n'est pas une spontanéité simple, mais un composé de toutes les spontanéités ou puissances de la nature, jouit du libre arbitre.

De la Justice dans la Révolution et dans l'Église

Bakounine : « Définition matérialiste, réaliste et collectiviste de la liberté »

La définition matérialiste, réaliste et collectiviste de la liberté tout opposée à celle des idéalistes, est celle-ci : l'homme ne devient homme et n'arrive tant à la conscience qu'à la réalisation de son humanité que dans la société et seulement par l'action collective de la société tout entière ; il ne s'émancipe du joug de la nature extérieure que par le travail collectif ou social qui seul est capable de transformer la surface de la terre en un séjour favorable au développement de l'humanité ; et sans cette émancipation matérielle il ne peut y avoir d'émancipation intellectuelle et morale pour personne. Il ne peut s'émanciper du joug de sa propre nature, c'est-à-dire qu'il ne peut subordonner les instincts et les mouvements de son propre corps à la direction de son esprit de plus en plus développé, que par l'éducation et par l'instruction ; mais l'une et l'autre sont des choses éminemment, exclusivement sociales ; car en dehors de la société l'homme serait resté une bête sauvage ou un saint, ce qui signifie à peu près la même chose. Enfin l'homme isolé ne peut avoir la conscience de sa liberté. Être libre, pour l'homme, signifie être reconnu et considéré et traité comme tel par un autre homme, par tous les hommes qui l'entourent. La liberté n'est donc point un fait d'isolement, mais la réflexion mutuelle, non d'exclusion, mais au contraire de liaison, la liberté de tout individu n'étant autre chose que la réflexion de son humanité ou de son droit humain dans la conscience de tous les hommes libres, ses frères, ses égaux.

Je ne puis me dire et me sentir libre seulement qu'en présence et vis-à-vis d'autres hommes. En présence d'un animal d'une espèce inférieure, je ne suis ni libre, ni homme, parce que cet animal est incapable de concevoir et par conséquent aussi de reconnaître mon humanité. Je ne suis humain et libre moi-même qu'autant que je reconnais la liberté et l'humanité de tous les hommes qui m'entourent. Ce n'est qu'en respectant leur caractère humain que je respecte le mien propre.

Dieu et l'État

Kropotkine : « L'individualisme absolu est une absurdité, une impossibilité »

Voyons donc, qu'est-ce que la liberté ?

Laissant de côté les actes irréfléchis et prenant seulement les actes réfléchis (que la loi, les religions et les systèmes pénaux cherchent seuls à influencer), chaque acte de ce genre est précédé d'une certaine discussion dans le cerveau humain – « Je vais sortir, me promener », pense tel homme...– « Mais non, j'ai donné rendez-vous à un ami », ou bien « j'ai promis de terminer tel travail » ou bien « Ma femme et mes enfants seront tristes de rester seuls » ou bien encore « Je perdrai ma place si je ne me rends pas à mon travail ».

Cette dernière réflexion implique, comme on le voit, la crainte d'une punition, tandis que, dans les deux premières, l'homme n'a à faire qu'à soi-même, avec ses habitudes de loyauté, ses sympathies. Et là est toute la différence. Nous disons que l'homme qui est forcé de faire cette dernière réflexion : « Je renonce à tel plaisir en vue de telle punition » n'est pas un homme libre. Et nous affirmons que l'humanité *peut* et *doit* s'émanciper de la peur des punitions ; qu'elle *peut* constituer une société anarchiste, dans laquelle la peur d'une punition et même le déplaisir d'être blâmé disparaîtront. C'est vers cet idéal que nous marchons.

Mais nous savons aussi que nous ne pouvons et ne devons pas nous émanciper de nos sympathies (la peine de causer une peine à ceux que nous aimons, ou que nous ne voulons pas chagriner ou même désappointer, ni surtout de nos habitudes de loyauté (tenir promesse). *Sous ces deux rapports, l'homme n'est jamais libre*, et l'individualisme « absolu » dont on nous a beaucoup parlé récemment, surtout depuis Nietzsche, est une absurdité, une impossibilité.

La Science moderne et l'Anarchie

2. Liberté et réciprocité

Un cliché de la pensée antilibertaire veut que l'anarchisme soit de part en part une pensée individualiste, centrée autour de l'ego, du moi, de la liberté de l'individu isolé, du sujet en soi et pour soi. La lecture des textes suivants suffira à démontrer qu'il n'en est rien, qu'il s'agit là d'une falsification de l'histoire des idées. Ainsi Proudhon qui est si souvent accusé d'avoir développé une « philosophie de boutiquier » est au contraire celui qui place d'emblée la liberté dans son rapport nécessaire à la réciprocité par l'intermédiaire de sa théorie de la justice. Pour lui, en effet, la liberté ne peut s'entendre sans justice, c'est-à-dire sans réciprocité, sans reconnaissance mutuelle, sans égalité commutative et réciproquement la société ne doit pas être autre chose qu'un « engrenage » des libertés individuelles additionnées, comme mises en réseau. Bakounine passant du droit au fait insiste sur l'idée que la liberté ne se conçoit que si autrui est libre. Il n'y a pas de liberté du moi isolé, la liberté se matérialise par la liberté d'autrui : dans un monde d'esclaves aucun homme n'est véritablement libre. Enfin Kropotkine complète sa définition antiautoritaire de la liberté en rappelant que Robinson sur son île n'était pas absolument libre : la liberté est une relation à plusieurs termes.

PROUDHON : « Pour qu'il y ait société… il faut qu'il y ait engrenage des libertés »

Pour qu'il y ait société entre des créatures raisonnables, il faut qu'il y ait engrenage des libertés, transaction volontaire, engagement réciproque : ce qui ne peut se faire qu'à l'aide d'un autre principe, le principe mutuelliste du droit. La Justice est commutative de par sa nature et dans sa forme : aussi, loin que la société puisse être conçue comme existant au-dessus et en dehors des individus, ainsi que cela a lieu dans la communauté, elle n'a d'existence que par eux ; elle résulte de leur action réciproque et de leur commune énergie : elle en est l'expression et la synthèse. Grâce à cet organisme, les individus, similaires par leur indigence originelle, se spécialisent par leurs talents, leurs industries, leurs fonctions ; développent et multiplient, à un degré inconnu, leur action propre et leur liberté. De sorte que nous arrivons à ce résultat décisif : en voulant tout faire par la liberté seule, on l'amoindrit ; en l'obligeant à transiger, on la double.

De la Justice dans la Révolution et dans l'Église

Bakounine : « Je ne deviens libre vraiment que par la liberté d'autres »

Je ne suis vraiment libre que lorsque tous les êtres humains qui m'entourent, hommes et femmes, sont également libres. La liberté d'autrui, loin d'être une limite ou la négation de ma liberté, en est au contraire la condition nécessaire et la confirmation. Je ne deviens libre vraiment que par la liberté d'autres, de sorte que plus nombreux sont les hommes libres qui m'entourent et plus profonde et plus large est leur liberté, et plus étendue, plus profonde et plus large devient ma liberté. C'est au contraire l'esclavage des hommes qui pose une barrière à ma liberté, ou ce qui revient au même, c'est leur bestialité qui est une négation de mon humanité parce que encore un fois, je ne puis me dire libre vraiment, que lorsque ma liberté, ou ce qui veut dire la même chose, lorsque ma dignité d'homme, mon droit humain, qui consiste à n'obéir à aucun autre homme et à ne déterminer mes actes que conformément à mes convictions propres, réfléchis par la conscience également libre de tous, me reviennent confirmés par l'assentiment de tout le monde. Ma liberté personnelle ainsi confirmée par la liberté de tout le monde s'étend à l'infini.

On voit que la liberté, telle qu'elle est conçue par les matérialistes, est une chose très positive, très complexe et surtout éminemment sociale, parce qu'elle ne peut être réalisée que par la société et seulement dans la plus étroite égalité et solidarité de chacun avec tous.

Dieu et l'État

Kropotkine : « Robinson dans son île n'était pas absolument libre »

Robinson dans son île n'était pas *absolument libre*, dans le sens attribué à ce mot dans les discussions. Déjà, lorsqu'il commença son bateau, et cultiva un jardin, ou qu'il se mit à faire ses provisions pour l'hiver, il fut pris par son travail. S'il se sentait paresseux et préférait rester couché dans sa caverne, il hésitait un moment, et finissait par se rendre au travail commencé. Mais dès qu'il eut pour compagnon un chien, dès qu'il eut deux ou trois chèvres, et surtout dès qu'il rencontra Vendredi, il eut déjà des *obligations*. Il dut songer à l'*intérêt d'autrui*, il ne fut plus cet *individualiste parfait* dont on aime à nous entretenir.

Du jour que l'homme aime une femme, ou qu'il a des enfants, soit élevés par lui-même, soit confiés à d'autres (la société), du jour qu'il a seulement une bête domestique, voire même un potager qui demande à être arrosé à certaines heures, il n'est plus le « je m'enfichiste », « l'égoïste », « l'individualiste » imaginaire que l'on nous donne quelquefois comme types de l'homme libre. Ni dans l'île de Robinson, ni encore moins dans la société, quelle qu'elle soit, ce type ne peut être le type dominant. Il peut se produire à l'état d'exception, il se produit en effet à l'état de révolté contre une société marâtre et hypocrite, comme la nôtre ; mais jamais il ne deviendra le type général, ni même un type désirable. L'homme prend et prendra en considération les intérêts des autres hommes, toujours d'avantage à mesure qu'il s'établira entre eux des rapports d'intérêt mutuel plus étroits, et que ces autres affirmeront plus nettement eux-mêmes leur sentiments, leurs désirs, leurs droits à l'égalité, à la considération.

Ainsi donc nous ne trouvons d'autre détermination pour la liberté que celle-ci : *la possibilité d'agir, sans faire intervenir dans les décisions à prendre la crainte d'un châtiment sociétaire* (contrainte de corps, menace de la faim ou même le blâme, à moins qu'il ne vienne d'un ami).

La Science moderne et l'Anarchie

3. Liberté et autorité

L'affirmation de la liberté comme puissance mais aussi comme idéal suppose que cette puissance en rencontre une autre sur son chemin : l'autorité. Les penseurs anarchistes ont de ce point de vue largement dépassé le lieu commun nihiliste de destruction absolue des pouvoirs, en construisant une véritable dialectique des rapports entre autorité et liberté. Proudhon le premier a conçu qu'un règne pur et absolu de la liberté n'était qu'une illusion de métaphysicien ou d'individualistes endurcis. Le camp de la liberté, s'il veut triompher, se doit d'analyser, de comprendre quelles figures de l'autorité se dressent face à lui. Il ne peut les dépasser sans les avoir complètement intégrées et sans être capable de produire de nouvelles institutions pour la liberté. Bakounine, à la suite de Proudhon, analyse la figure principale de l'autorité, L'État, dont les institutions n'ont pour but que de soumettre l'homme à la discipline du capital. Kropotkine à son tour analyse la structure duelle de la loi et du droit, émanation du principe d'autorité, et dont l'intelligence consiste à mêler habilement les coutumes sociales qui s'imposent à tous et les interdits qui ne profitent qu'à une minorité. Notons au passage que Kropotkine propose une véritable généalogie de classe de l'idée de loi puisqu'il montre qu'elle est le produit d'une lutte au cours de laquelle la caste dominante impose son code à la caste dominée.

PROUDHON : « L'autorité suppose invinciblement une liberté qui la reconnaît ou la nie »

L'ordre politique repose fondamentalement sur deux principes contraires, L'AUTORITÉ et la *Liberté* : le premier initiateur, le second déterminateur ; celui-ci ayant pour corollaire la raison libre, celui-là la foi qui obéit.

Contre cette première proposition, je ne pense pas qu'il s'élève une seule voix. L'Autorité et la Liberté sont aussi anciennes dans le monde que la race humaine :

elles naissent avec nous, et se perpétuent en chacun de nous. Remarquons seulement une chose, à laquelle peu de lecteurs feraient d'eux-mêmes attention : ces deux principes forment, pour ainsi dire, un couple dont les deux termes, indissolublement liés l'un à l'autre, sont néanmoins irréductibles l'un dans l'autre, et restent, quoi que nous fassions, en lutte perpétuelle. L'Autorité suppose invinciblement une Liberté qui la reconnaît ou la nie ; la liberté à son tour, dans le sens politique du mot, suppose également une autorité qui traite avec elle, la refrène ou la tolère. Supprimez l'une des deux, l'autre n'a pas de sens : l'autorité sans une liberté qui discute, résiste ou se soumet, est un vain mot ; la liberté, sans une autorité qui lui fasse contrepoids, est un non-sens.

Du Principe fédératif

Bakounine : « Toute théorie de l'État est essentiellement fondée sur le principe d'autorité »

Toute théorie conséquente et sincère de l'État est essentiellement fondée sur le principe de l'*autorité* c'est-à-dire sur cette idée éminemment théologique, métaphysique, politique, que les masses, *toujours* incapables de se gouverner, devront subir en tout temps le joug bienfaisant d'une sagesse et d'une justice qui, d'une manière ou d'une autre, leur seront imposées d'en haut. Mais imposées au nom de quoi et par qui ? L'autorité reconnue et respectée comme telle par les masses ne peut avoir que trois sources : la force, la religion ou l'action d'une intelligence supérieure. Nous parlerons plus tard des États fondés sur la double autorité de la religion et de la force, car tant que nous discutons la théorie de l'État fondé sur le libre contrat, nous devons faire abstraction de l'une et de l'autre. Il ne nous reste donc pour le moment que l'autorité de l'intelligence supérieure, représentée toujours, comme on sait, par les minorités.

Que voyons-nous en effet dans tous les États passés et présents, lors même qu'ils sont doués des institutions les plus démocratiques, tels que les États-Unis de l'Amérique du Nord et la Suisse ? Le *self-government* des masses, malgré tout l'appareil de la toute-puissance populaire, y reste pour la plupart du temps à l'état de fiction. En réalité, ce sont les minorités qui gouvernent.

Fédéralisme, Socialisme et Antithéologisme

KROPOTKINE : « La loi fait son apparition, sanctionnée par le prêtre et ayant à son service la massue du guerrier »

Mais lorsque la société eut commencé à se scinder de plus en plus en deux castes hostiles – l'une qui cherche à établir sa domination et l'autre qui cherche à s'y soustraire, alors la lutte s'engagea. Le vainqueur d'aujourd'hui s'empresse d'immobiliser le fait accompli, il cherche à le rendre indiscutable, à le rendre saint et vénérable par tout ce que les vaincus peuvent respecter. La loi fait son apparition, sanctionnée par le prêtre et ayant à son service la massue du guerrier. Elle travaille à immobiliser les coutumes avantageuses à la minorité dominatrice, et l'Autorité militaire se charge de lui assurer l'obéissance. Le guerrier trouve en même temps dans cette nouvelle fonction un instrument pour assurer son pouvoir ; il n'a plus à son service une simple force brutale : il est le défenseur de la Loi.

Mais, si la Loi ne présentait qu'un assemblage de prescriptions avantageuses aux seuls dominateurs, elle aurait de la peine à se faire accepter, à se faire obéir. Eh bien, le législateur confond dans un seul et même code les deux courants de coutumes dont nous venons de parler ; les maximes qui représentent les principes de moralité et de solidarité élaborés par la vie en commun, et les ordres qui doivent à jamais consacrer l'inégalité. Les coutumes qui sont absolument nécessaires à l'existence même de la société, sont habilement mêlées dans le Code aux pratiques imposées par les dominateurs, et prétendent au même respect de la foule. – « Ne tue pas ! » dit le Code et « Paye la dîme au prêtre » s'empresse-t-il d'ajouter. « Ne vole pas » dit le Code et aussitôt après : « Celui qui ne paiera pas l'impôt aura le bras coupé. »

Voilà la Loi, et ce double caractère, elle l'a conservé jusqu'aujourd'hui. Son origine, c'est le désir des dominateurs d'immobiliser les coutumes qu'ils avaient eux-mêmes imposées à leur avantage. Son caractère, c'est le mélange habile des coutumes utiles à la société (coutumes qui n'ont pas besoin de loi pour être respectées) avec ces autres coutumes qui ne présentent d'avantages que pour les dominateurs, qui sont nuisibles aux masses et ne sont maintenues que par la crainte des supplices.

Pas plus que le capital individuel, né de la fraude et de la violence et développé sous les auspices de l'Autorité, la Loi n'a aucun titre au respect des hommes. Née de la violence et de la superstition, établie dans l'intérêt du prêtre, du conquérant et du riche exploiteur, elle devra être abolie en entier le jour où le peuple voudra briser ses chaînes.

Paroles d'un révolté

4. La raison d'État

L'analyse du principe d'autorité conduit tout naturellement à dénoncer l'une de ses expressions les plus éminentes : la raison d'État. Rappelons de ce point de vue que Proudhon comme Bakounine et Kropotkine eurent à subir, l'exemple de leur vie le montre, la violence répressive de la raison d'État, eux qui furent si souvent conduits en prison ou poussés à l'exil. C'est au nom, en effet, de la raison d'État qu'on enferme les révolutionnaires, qu'on les pourchasse et qu'on les tue, c'est toujours en son nom qu'on opprime le peuple : trahison, meurtres, guerres, crimes en tous genres, voilà les effets néfastes de la raison d'État. Proudhon, le premier, dénonce cette forme si particulière du pouvoir de l'État central qui, au nom de l'intérêt général dont il se prétend le garant, se place au dessus de toutes les lois et agit cyniquement contre les personnes qu'il juge insoumises. Bakounine, en accord total avec son prédécesseur, conspue l'arbitraire de ce principe tout puissant de l'autorité de l'État qui s'autojustifie dans ses actes les plus répressifs et s'absout en quelque manière elle-même de tous ses crimes. Kropotkine quant à lui éclaire les raisons qui poussent l'État autoritaire à exercer une puissance arbitraire, c'est qu'il ne supporte pas d'autre puissance que lui-même et dès lors qu'il voit apparaître un type de regroupement qu'il ne contrôle pas, il le ruine par l'application coercitive de son propre principe, la raison d'État.

PROUDHON : « Tout s'incline devant l'autorité, tout cède à la raison d'État »

Aujourd'hui comme au moyen âge, et malgré les divisions qui agitent l'État et l'Église, tout s'incline devant l'autorité, tout cède à la raison d'État. La justice et la morale sont suspendues ; les lois n'ont plus cours ; la distinction des pouvoirs est abolie ; les tribunaux jugent à discrétion ; l'état de guerre devient l'état normal ; la guerre elle-même est considérée comme un jugement de Dieu. Devant l'autorité centrale, représentant la raison d'État, la liberté communale est annihilée, la liberté personnelle sacrifiée, la liberté des opinions suspecte, la liberté de réunion interdite. Devant la raison d'État, le domicile perd son inviolabilité, l'autorité paternelle s'abdique, le lit conjugal est forcé d'ouvrir ses rideaux, le travail se croise les bras, le malade n'a pas le droit d'avoir un avis sur son traitement. Je remplirais un volume si je voulais citer tous les faits parvenus à ma connaissance et qui prouvent qu'entre le gouvernement du Pape, tant décrié, et le gouvernement impérial, tel que l'a refait le 2 Décembre, il n'y a de différence que le nom.

De la Justice dans la Révolution et dans l'Église

Bakounine : « Ce mot élastique, à la fois si commode et si terrible : la raison d'État »

Toute l'histoire des États antiques et modernes n'est qu'une série de crimes révoltants ; pourquoi rois et ministres présents et passés, de tous les temps et de tous les pays : hommes d'État, diplomates, bureaucrates et guerriers, si on les juge au point de vue de la simple morale et de la justice humaine, ont cent fois, mille fois mérité le gibet ou les galères ? Car il n'est point d'horreur, de cruauté, de sacrilège, de parjure, d'imposture, d'infâme transaction, de vol cynique, de pillage effronté et de sale trahison, qui n'aient été ou qui ne soient quotidiennement accomplis par les représentants des États, sans autre excuse que ce mot élastique, à la fois si commode et si terrible : *la raison d'État* !

Mot vraiment terrible ! car il a corrompu et déshonoré dans les régions officielles et dans les classes gouvernantes de la société plus de gens que le Christianisme lui-même. Aussitôt qu'il est prononcé, tout se tait et tout cesse : honnêteté, honneur, justice, droit, la pitié elle-même cesse, et avec elle la logique et le bon sens : le noir devient blanc et le blanc noir, l'horrible humain, et les plus lâches félonies, les crimes les plus atroces deviennent des actes méritoires !

Fédéralisme, Socialisme et Antithéologisme

Kropotkine : « Cette horreur du légiste : l'État dans l'État »

Mais l'État, par son principe même, ne peut pas tolérer la fédération libre : elle représente cette horreur du légiste : «l'État dans l'État. » L'État ne reconnaît pas une union librement consentie fonctionnant dans son sein : il ne connaît que *des sujets*. Lui seul, et sa sœur, l'Église, s'arrogent le droit de servir de trait d'union entre les hommes.

Par conséquent, l'État doit, forcément, anéantir les cités basées sur l'union directe entre citoyens. Il doit abolir toute union dans la cité elle-même, anéantir toute union directe entre cités. Au principe fédératif, il doit substituer le principe de soumission, de discipline. C'est sa substance. Sans ce principe, il cesse d'être État.

Et le XVIe siècle – siècle de carnage et de guerres – se résume entièrement dans cette lutte de l'État naissant contre les villes libres et leurs fédérations. Les villes sont assiégées, prises d'assaut, mises au pillage, leurs habitants décimés ou déportés.

L'État finit par remporter la victoire sur toute la ligne. Et les conséquences, les voici :

Au XVIe siècle, l'Europe était couverte de riches cités, dont les artisans, les maçons, les tisserands et les ciseleurs produisaient des merveilles d'art ; leurs universités jetaient les fondements de la science empirique moderne, leurs caravanes parcouraient les continents, leurs vaisseaux sillonnaient les fleuves et les mers.

Qu'en resta-t-il deux siècles plus tard ? Des villes qui avaient compté jusqu'à cinquante et cent mille habitants et qui avaient possédé (c'était le cas à Florence) plus d'écoles et, dans les hôpitaux communaux, plus de lits par habitants que n'en possèdent aujourd'hui les villes les mieux dotées sous ce rapport sont devenues des bourgades pourries. Leurs habitants massacrés ou déportés, l'État et l'Église s'emparent de leurs richesses. L'industrie se meurt sous la tutelle minutieuse des employés de l'État. Le commerce est mort. Les routes mêmes, qui jadis reliaient ces cités entre elles sont devenues impraticables au XVIIe siècle.

La Science moderne et l'Anarchie

5. État et oppression

La structure intrinsèquement répressive et oppressive de l'État apparaît à nos auteurs de manière d'autant plus évidente que dans leur long combat contre l'autocratie, ils ne rencontrent en l'État qu'un instrument répressif. À l'époque il n'est question ni d'État social, ni de « welfare state » : les pauvres sont impitoyablement pourchassés et les penseurs critiques déportés, conduits au bagne ou à la forteresse. Le policier, le militaire, voilà ce qu'envoie l'État pour s'occuper du paysan, de l'ouvrier ou de l'intellectuel révolté. Il a pour seule fonction le maintien de l'ordre. Proudhon qui, rappelons-le, participa à l'Assemblée de 1848 en tant que député et put observer de l'intérieur son fonctionnement réactionnaire, s'empressa donc de rappeler la véritable nature de l'État. Dans un texte resté célèbre, il énumère tous les synonymes du participe « gouverné » : aucun n'est positif, ni facteur d'émancipation. Bakounine, lui emboîtant le pas, rappelle ce qui se cache derrière l'apparente défense de l'intérêt général : rien moins qu'une nouvelle forme d'esclavage. Kropotkine poussant plus loin encore l'analyse dévoile l'essence fondamentalement belliciste de l'État. Contemporain de répressions sanglantes et de conflits meurtriers entre les nations européennes les plus avancées, il peut affirmer sans crainte d'être contredit : l'État c'est la guerre, à l'intérieur comme à l'extérieur du pays.

PROUDHON : « Être gouverné, c'est être gardé à vue, inspecté, espionné, dirigé, légiféré, réglementé... »

Ô personnalité humaine ! se peut-il que pendant soixante siècles tu aies croupi dans cette abjection ? Tu te dis sainte et sacrée, et tu n'es que la prostituée, infatigable, gratuite, de tes valets, de tes moines et de tes soudards. Tu le sais, et tu le souffres ! Être GOUVERNÉ, c'est être gardé à vue, inspecté, espionné, dirigé, légiféré, réglementé, parqué, endoctriné, prêché, contrôlé, estimé, apprécié, censuré, commandé, par des êtres qui n'ont ni le titre ni la science, ni la vertu... Être GOUVERNÉ, c'est être, à chaque opération, à chaque transaction, à chaque mouvement, noté, enregistré, recensé, tarifé, timbré, toisé, coté, cotisé, attenté, licencié, autorisé, apostillé, admonesté, empêché, réformé, redressé, corrigé. C'est, sous prétexte d'utilité publique, et nom de l'intérêt général, être mis à contribution, exercé, rançonné, exploité, monopolisé, concussionné, pressuré, mystifié, volé ; puis, à la moindre résistance, au premier mot de plainte, réprimé, amendé, vilipendé, vexé, traqué, houspillé, assommé, désarmé, garrotté, emprisonné, fusillé, mitraillé, jugé, condamné, déporté, sacrifié, vendu, trahi, et pour comble, joué, berné, outragé, déshonoré. Voilà le gouvernement, voilà sa justice, voilà sa morale ! Et dire qu'il y a parmi nous des démocrates qui prétendent que le gouvernement a du bon ; des socialistes qui soutiennent, au nom de la Liberté, de l'Égalité et de la Fraternité, cette ignominie ; des prolétaires qui posent leur candidature à la présidence de la République ! Hypocrisie !...

Idée générale de la Révolution au XIXe siècle

BAKOUNINE : « Qu'est-ce que l'État ?... l'État est le frère cadet de l'Église »

Qu'est-ce que l'État ? C'est, nous répondent les métaphysiciens et les docteurs en droit, c'est la chose publique ; les intérêts, le bien collectif et le droit de tout le monde, opposés à l'action dissolvante des intérêts et des passions égoïstes de chacun. C'est la justice et la réalisation de la morale et de la vertu sur la terre. Par conséquent il n'est point d'acte plus sublime ni de plus grand devoir pour les individus, que de se dévouer, de se sacrifier, et au besoin de mourir pour le triomphe, pour la puissance de l'État.

Voilà en peu de mots toute la théologie de l'État. Voyons maintenant si cette théologie politique, de même que la théologie religieuse, ne cache pas sous de très belles et de très poétiques apparences, des réalités très communes et très sales.

Analysons d'abord l'idée même de l'État, telle que nous la représentent ses prôneurs. C'est le sacrifice de la liberté naturelle et des intérêts de chacun, individus aussi bien qu'unités collectives, comparativement petites : associations, communes et provinces, aux intérêts et à la liberté de tout le monde, à la prospérité du grand ensemble. Mais ce tout le monde, ce grand ensemble, qu'est-il en réalité ? C'est l'agglomération de tous les individus et de toutes les collectivités humaines plus restreintes qui le composent. Mais du moment que pour le composer et pour s'y coordonner, tous les intérêts individuels et locaux doivent être sacrifiés, le tout, qui est censé les représenter, qu'est-il en effet ? Ce n'est pas l'ensemble vivant, laissant respirer chacun à son aise et devenant d'autant plus fécond, plus puissant et plus libre que plus largement se développe en son sein la pleine liberté et la prospérité de chacun ; ce n'est point la société humaine naturelle, qui confirme ou augmente la vie de chacun par la vie de tous ; c'est, au contraire, l'immolation de chaque individu comme de toutes les associations locales, l'abstraction destructive de la société vivante, la limitation, ou pour mieux dire la complète négation de la vie et du droit de toutes les parties qui composent tout le monde : c'est l'État, c'est l'autel de la religion politique sur lequel la société naturelle est toujours immolée : une universalité dévorante, vivant de sacrifices humains, comme l'Église. – L'État, je le répète encore, est le frère cadet de l'Église.

Quatrième lettre aux Compagnons de l'AIT,
(« Le Progrès » n°9, 1er mai 1869)

Bakounine : « L'esclavage est une conséquence nécessaire de l'existence de l'État »

Tout État, sous peine de périr et de se voir dévoré par les États voisins, doit tendre à la toute-puissance, et devenu puissant, il doit les conquérir. Qui dit conquête, dit peuples conquis, asservis, réduits à l'esclavage, sous quelque forme et quelque dénomination que ce soit. L'esclavage est donc une conséquence nécessaire de l'existence même de l'État.

L'esclavage peut changer de forme et de nom – son fond reste le même. Ce fond se laisse exprimer par ces mots : *être esclave, c'est être forcé de travailler pour autrui, comme être maître, c'est vivre du travail d'autrui.* Dans l'antiquité, comme aujourd'hui en Asie, en Afrique, et comme dans une partie de l'Amérique encore, les esclaves s'appelaient tout bonnement des esclaves. Au moyen âge, il prirent le nom de serfs, aujourd'hui on les appelle *salariés.* La position de ces derniers est beaucoup plus digne et moins dure que celle des esclaves, mais ils n'en sont pas moins forcés par la faim aussi bien que par les institutions politiques et sociales, d'entretenir par un travail très dur le désœuvrement absolu ou relatif d'autrui. Par conséquent, ils sont des esclaves. Et en général, aucun État, ni antique ni moderne, n'a jamais pu ni ne pourra jamais se passer du travail forcé des masses soit salariées soit esclaves, comme d'un fondement principal et absolument nécessaire du loisir, de la liberté, et de la civilisation de la classe politique : des citoyens.

Fédéralisme, Socialisme et Antithéologisme

Kropotkine : « Qui dit "État" nécessairement dit "guerre" »

Qui dit « État » nécessairement dit « guerre ». L'État cherche et doit chercher à être fort, plus fort que ses voisins, sinon, il sera un jouet dans leurs mains. Il cherche forcément à affaiblir, à appauvrir d'autres

États pour leur imposer sa loi, sa politique, ses traités de commerce, pour s'enrichir à leurs dépens. La lutte pour la prépondérance, qui est la base de l'organisation économique bourgeoise, est aussi la base de l'organisation politique. C'est pourquoi la guerre est devenue aujourd'hui la condition normale de l'Europe. Guerres prusso-danoise, prusso-autrichienne, franco-prussienne, guerre d'Orient, guerre en Afghanistan se succèdent sans interruption. De nouvelles guerres se préparent ; la Russie, l'Angleterre, la Prusse, le Danemark sont prêts à déchaîner leurs armées et, sous peu, elles vont en venir aux mains. On a déjà des causes de guerre pour trente ans.

Or, la guerre, c'est le chômage, la crise, les impôts croissants, les dettes accumulées. Plus que ça. Chaque guerre est un échec moral pour les États. Après chaque guerre, les peuples s'aperçoivent que l'État fait preuve d'incapacité, même dans son attribution principale ; à peine sait-il organiser la défense du territoire ; même victorieux, il subit un échec. Voyez seulement la fermentation des idées qui est née de la guerre de 1871, aussi bien en Allemagne qu'en France ; voyez le mécontentement soulevé en Russie par la guerre d'Orient.

Les guerres et les armements tuent les États ; ils accélèrent leur faillite morale et économique. Encore une ou deux grandes guerres, ils donneront le coup de grâce à ces machines détraquées.

À côté de la guerre extérieure – la guerre intérieure.

Accepté par les peuples à condition d'être le défenseur de tous et surtout des faibles contre les forts, l'État aujourd'hui est devenu la forteresse des riches contre les exploités, du propriétaire contre le prolétaire.

À quoi sert-elle, cette immense machine que nous nommons État ? Est-ce à empêcher l'exploitation de l'ouvrier par le capitaliste, du paysan par le rentier ? Est-ce à nous assurer le travail ? À nous défendre de l'usurier ? À nous fournir la nourriture lorsque la femme n'a que de l'eau pour apaiser l'enfant qui pleure à son sein tari ?

Non, mille fois non ! L'État, c'est la protection de l'exploitation, de la spéculation, de la propriété privée, produit de la spoliation. Le prolétaire, qui n'a que ses bras pour fortune, n'a rien à attendre de l'État ; il n'y trouve qu'une organisation faite pour empêcher à tout prix son émancipation.

Tout pour le propriétaire fainéant, tout contre le prolétaire travailleur : l'instruction bourgeoise qui dès le bas âge corrompt l'enfant, en lui inculquant des préjugés anti-égalitaires ; l'Église qui trouble le cerveau de la femme ; la loi qui empêche l'échange des idées de solidarité et d'égalité ; l'argent, au besoin, pour corrompre celui qui se fait un apôtre de la solidarité des travailleurs ; la prison et la mitraille à discrétion pour fermer la bouche à ceux qui ne se laissent pas corrompre. Voilà l'État.

Paroles d'un révolté

6. L'Église et l'État

Mais la nature répressive de l'État ne serait pas ce qu'elle est sans le soutien consubstantiel d'une autre puissance dont nous avons pu voir le rôle néfaste : l'Église. Forces rétrogrades, l'Église et la religion en général renforcent la dimension de soumission que le pouvoir autoritaire exerce sur les âmes et sur les corps de ses sujets. Elles sanctifient tous les actes répressifs de l'autorité étatique, apportent leur blanc-seing aux différents pouvoirs et condamnent l'homme, c'est-à-dire le peuple, à demeurer dans son état de misère. Proudhon, dans le droit fil de sa pensée antithéologique, montre que l'Église comme l'État ont une conception commune de l'humanité qui justifie à leurs yeux l'ordre répressif qu'ils prétendent défendre. Bakounine rappelle que les théories du droit et de l'autorité de l'État sont sorties de la théologie et que l'une comme l'autre proposent ni plus ni moins que la soumission totale des individus. Kropotkine, à la suite de nos deux auteurs, situe historiquement le projet de constitution de l'État national autoritaire à partir du XVIe siècle et montre quelle place le prêtre prend dans cette stratégie de réduction de toutes les libertés.

PROUDHON : « Le Gouvernement… soit l'Église et l'État indivisiblement unis »

Le Gouvernement donc, soit l'Église et l'État indivisiblement unis, a pour dogmes :

1. La perversité originelle de la nature humaine ;
2. L'inégalité essentielle des conditions ;
3. La perpétuité de l'antagonisme et de la guerre ;
4. La fatalité de la misère.

D'où se déduit :

5. La nécessité du gouvernement, de l'obéissance, de la résignation et de la foi.

Ces principes admis, ils le sont encore presque partout, les formes de l'autorité se définissent elles-mêmes. Ce sont :

a) La division du peuple par classes, ou castes, subordonnées l'une à l'autre, échelonnées et formant une pyramide, au sommet de laquelle apparaît, comme la divinité sur son autel, comme le roi sur son trône, l'AUTORITÉ ;

b) La centralisation administrative ;

c) La hiérarchie judiciaire ;

d) La police ;

e) Le culte.

Ajoutez, dans les pays où le principe démocratique est devenu prépondérant :

f) La distinction des pouvoirs ;

g) L'intervention du Peuple dans le Gouvernement par voie représentative ;

h) Les variétés innombrables de systèmes électoraux, depuis la convocation par *États,* usitée au Moyen âge, jusqu'au suffrage universel et direct ;

i) La dualité des chambres ;

j) Le vote des lois et le consentement de l'impôt par les représentants de la Nation ;

k) La prépondérance des majorités.

Telle est, en général, l'architecture du Pouvoir, indépendamment des modifications que chacune de ses parties est susceptible de recevoir, comme par exemple le Pouvoir central, qui peut être tour à tour monarchique, aristocratique ou démocratique : ce qui a fourni de bonne heure aux publicistes une classification des États d'après leurs caractères superficiels.

Idée générale de la Révolution au XIXe siècle

BAKOUNINE : « Identité de l'Église et de l'État »

Pour prouver cette identité de l'Église et de l'État, je prie bien le lecteur de vouloir constater ce fait, que l'une comme l'autre sont fondés essentiellement sur l'idée du sacrifice de la vie et du droit naturel, et qu'ils partent également du même principe : celui de la méchanceté naturelle des hommes, qui ne peut être vaincue, selon l'Église, que par la grâce divine et par la mort de l'homme naturel en Dieu, et selon l'État, que par la loi, et l'immolation de l'individu sur l'autel de l'État. L'une et l'autre tendent à transformer l'homme, l'un en un saint, l'autre en un citoyen. Mais l'homme naturel doit mourir, car sa condamnation est unanimement prononcée par la religion de l'Église et par celle de l'État.

Telle est dans sa pureté idéale la théorie identique de l'Église et de l'État. C'est une pure abstraction ; mais toute abstraction historique suppose des faits historiques. Ces faits, comme je l'ai déjà dit dans mon précédent article, sont d'une nature toute réelle, toute brutale : c'est la violence, la spoliation, l'asservissement, la conquête. L'homme est ainsi formé, qu'il ne se contente pas de faire, il a encore le besoin de s'expliquer et de légitimer, devant sa propre conscience et aux yeux de tout le monde, ce qu'il a fait. La religion est donc venue à point pour bénir les faits accomplis et, grâce à cette bénédiction, le fait inique et brutal s'est transformé en droit. La science juridique et le droit politique, comme on sait, sont issus de la théologie d'abord ; et plus tard de la métaphysique, qui n'est autre chose qu'une théologie masquée, une théologie qui a la prétention ridicule de ne point être absurde, et qui s'est efforcée vainement de leur donner le caractère de la science.

Quatrième lettre aux Compagnons de l'AIT
(Le Progrès n°9, 1er mai 1869)

KROPOTKINE : « L'État : Triple-Alliance, enfin constituée, du chef militaire, du juge romain et du prêtre »

Dans le courant du XVIe siècle, les barbares modernes vinrent détruire toute cette civilisation des cités du Moyen âge. Ces barbares ne réussirent pas à l'anéantir, mais ils réussirent à l'arrêter dans sa marche, au moins pour deux ou trois siècles. Ils la lancèrent dans une nouvelle direction, dans laquelle l'humanité se débat avec peine en ce moment, ne sachant trop comment en sortir.

Ils assujettirent l'individu. Ils lui enlevèrent toutes ses libertés, ils lui demandèrent d'oublier ses unions basées sur la libre entente et la libre initiative. Leur but était de niveler la société entière dans une même soumission au maître. Ils détruisirent tous les liens entre hommes, en déclarant que l'État et l'Église, seuls, doivent désormais former l'union entre leurs sujets ; que, seuls, l'Église et l'État ont mission de veiller aux intérêts industriels, commerciaux, judiciaires, artistiques, passionnels, pour lesquels les hommes du XIIe siècle avaient coutume de s'unir directement.

Et qui sont ces barbares ? C'est l'État : la Triple-Alliance, enfin constituée, du chef militaire, du juge romain et du prêtre, les trois formant une assurance mutuelle pour la domination ; les trois, unis dans une même puissance qui commandera au nom des intérêts de la société et écrasera cette société.

On se demande, naturellement, comment ces nouveaux barbares ont pu avoir raison des communes, jadis si puissantes ? Où ont-ils puisé la force pour la conquête ?

Cette force, ils l'ont trouvée, tout d'abord, au village. Tout comme les communes de la Grèce antique, qui ne surent pas abolir l'esclavage, et périrent pour cela, – de même les communes du Moyen âge, ne surent pas affranchir le paysan du servage, en même temps que le citadin.

La Science moderne et l'Anarchie

7. Critique du droit naturel et du contrat social

L'État étant contesté dans son autorité aussi bien au plan moral, politique, qu'historique ou social, il ne pouvait être question pour la pensée libertaire de lui accorder la moindre légitimité. C'est pour cela que l'on trouve une critique si acerbe de Rousseau et en général des théoriciens du droit naturel qui ont prétendu fonder la légitimité de l'État moderne sur un pacte rationnel passé entre les citoyens et une autorité exécutive. Dans une perspective qui annonce la critique que fera Marx de la philosophie des droits de l'homme abstraits, ils s'en prennent donc violemment à l'idée de contrat social telle qu'on la trouve développée notamment chez Rousseau. Ainsi Proudhon conteste l'idée qu'un contrat doive être passé avec l'autorité gouvernementale et substitue à la conception hiérarchique, verticale, du contrat, une conception antiautoritaire, commutative, horizontale, du pacte social ; c'est le fameux contrat mutuelliste ou contrat synallagmatique. Bakounine réfute lui aussi tous les arguments des théoriciens du droit naturel comme idéalistes, bourgeois, produits de la supercherie et de l'imagination, destinés à justifier un état d'esclavage éternel. Kropotkine pour sa part fonde sa critique du droit naturel sur l'avancement des sciences de la nature. Poursuivant une intuition que l'on trouve en germe chez Bakounine, il montre que l'hypothèse de l'état de nature conçue par les philosophes du XVIII*e* *siècle ne résiste pas à l'étude de ce que l'on appellerait aujourd'hui l'éthologie animale : l'homme est un animal social de par sa nature même et l'idée de justifier l'autorité de l'État par l'hypothèse d'individus séparés qui aliéneraient leur liberté en faveur de la loi ou du Prince est nécessairement erronée, car jamais l'humanité n'a été composée d'individus isolés, vivant à part les uns des autres.*

PROUDHON : « Rousseau n'a rien compris au contrat social »

En effet, qu'est-ce que le *Contrat social* ? L'accord du citoyen avec le gouvernement ? non ; ce serait tourner toujours dans la même idée. Le contrat social c'est l'accord de l'homme avec l'homme, accord duquel doit résulter ce que nous appelons la société. Ici, la notion de *justice commutative*, posée par le fait primitif de l'échange et définie par le droit romain, est substituée à celle de la *justice distributive*, congédiée sans appel par la critique républicaine. Traduisez ces mots *contrat, justice commutative*, qui sont de la langue juridique, dans la langue des affaires, vous avez le COMMERCE, c'est-à-dire, dans la signification la plus élevée, l'acte par lequel l'homme et l'homme, se déclarant essentiellement producteurs, abdiquent l'un à l'égard de l'autre toute prétention au gouvernement.

La *justice commutative*, le *règne des contrats*, en d'autres termes, le *règne économique ou industriel*, telles sont les différentes synonymies de l'idée qui par son avènement doit abolir les vieux systèmes de *justice distributive*, de *règne des lois*, en termes plus concrets, de *régime féodal*, *gouvernemental* ou *militaire*. L'avenir de l'humanité est dans cette substitution.

Mais, avant que cette révolution dans les doctrines se soit formulée, avant qu'elle ait été comprise, avant qu'elle s'empare des populations, qui seules peuvent la rendre exécutoire, que de débats stériles ! quelle somnolence de l'idée ! quel temps pour les agitateurs et les sophistes ! De la controverse de Jurieu avec Bossuet jusqu'à la publication du *Contrat social* de Rousseau, il s'écoule près d'un siècle et quand ce dernier arrive, ce n'est point pour revendiquer l'idée qu'il prend la parole, c'est pour l'étouffer.

Rousseau, dont l'autorité nous régit depuis près d'un siècle, n'a rien compris au contrat social. C'est à lui surtout qu'il faut rapporter, comme à sa cause, la grande déviation de 93, expiée déjà par cinquante-sept ans de bouleversements stériles, et que des esprits plus ardents que réfléchis voudraient nous faire reprendre encore comme une tradition sacrée.

Idée générale de la Révolution au XIX*e* *siècle*

BAKOUNINE : « les conséquences du contrat social sont en effet funestes »

Ce fut une grande erreur de la part de J.-J. Rousseau d'avoir pensé que la société primitive ait été établie par un contrat libre, formé par des sauvages. Mais J.-J. Rousseau n'est pas le seul qui l'affirme. La majorité des juristes et des publicistes modernes soit de l'école de Kant, soit de toute autre école individualiste et libérale (et qui n'admettent ni la société fondée sur le droit divin des théologiens, ni la société déterminée par l'école hégélienne, comme la réalisation plus ou moins mystique de la Morale objective, ni la société primitivement animale des naturalistes) prennent *nolens volens,* et faute d'autre fondement, le *contrat tacite* pour point de départ. Un contrat tacite ! C'est-à-dire, un contrat sans parole et par conséquent sans pensée et sans volonté – un révoltant non-sens ! Une absurde fiction, et, ce qui plus est, une méchante fiction ! Une indigne supercherie ! car il suppose que, alors que je n'étais en état ni de vouloir ni de penser, ni de parler parce que je me suis laissé tondre sans protester, j'ai pu consentir, pour moi-même, et pour ma descendance toute entière, à un éternel esclavage !

Les conséquences du *contrat social* sont en effet funestes, parce qu'elles aboutissent à l'absolue domination de l'État. Et pourtant le principe, pris au point de départ, semble excessivement libéral. Les individus, avant de former ce contrat, sont supposés jouissant d'une absolue liberté, car d'après cette théorie, l'homme naturel, l'homme sauvage est le seul qui soit complètement libre.

Fédéralisme, Socialisme et Antithéologisme

Bakounine : « L'État n'est point un produit immédiat de la nature »

La société, c'est le mode naturel d'existence de la collectivité humaine indépendamment de tout contrat. Elle se gouverne par les mœurs ou par des habitudes traditionnelles, mais jamais par des lois. Elle progresse lentement par l'impulsion que lui donnent les initiatives individuelles et non par la pensée, ni par la volonté du législateur. Il y a bien des lois qui la gouvernent à son insu, mais ce sont des lois naturelles, inhérentes au corps social, comme les lois physiques sont inhérentes aux corps matériels. La plus grande partie de ces lois reste jusqu'à présent inconnue, et pourtant elles ont gouverné l'humaine société depuis sa naissance, indépendamment de la pensée et de la volonté des hommes qui l'ont composée ; d'où il résulte qu'il ne faut pas les confondre avec les lois politiques et juridiques qui, dans le système que nous examinons, proclamées par un pouvoir législatif quelconque, sont sensées être les déductions logiques du premier contrat formé sciemment par les hommes.

L'État n'est point un produit immédiat de la nature ; il ne précède pas, comme la société, le réveil de la pensée dans les hommes, et nous essaierons plus tard de montrer comment *la conscience religieuse le crée au milieu de la société naturelle*. Selon les publicistes libéraux, le premier État fut créé par la volonté libre et réfléchie des hommes : selon les absolutistes, il est une création divine. Dans l'un et l'autre cas, il domine la société et tend à l'absorber tout à fait.

Fédéralisme, Socialisme et Antithéologisme

KROPOTKINE : « L'homme n'a pas créé la société : la société est antérieure à l'homme »

La plupart des philosophes du XVIIIe siècle s'étaient fait une idée très élémentaire sur l'origine des sociétés. Au début, disaient-ils, les hommes vivaient en petites familles isolées, et la guerre perpétuelle entre ces familles représentait l'état normal. Mais, un beau jour, s'apercevant enfin des inconvénients de leurs luttes sans fin, les hommes se décidèrent à se mettre en société. Un contrat social fut conclu entre les familles éparses, qui se soumirent de bon gré à une autorité, laquelle, – ai-je besoin de le dire ? – devint le point de départ et l'initiateur de tout progrès. Faut-il ajouter, puisqu'on nous l'a déjà dit à l'école, que nos gouvernements actuels se sont jusqu'à présents maintenus dans ce beau rôle de sel de la terre, de pacificateurs et de civilisateurs de l'espèce humaine ?

Conçue à une époque où l'on ne savait pas grand-chose sur les origines de l'homme, cette idée domina le siècle passé ; et il faut dire qu'entre les mains des encyclopédistes et de Rousseau, l'idée de « contrat social » devint une arme pour combattre la royauté de droit divin. Cependant, malgré les services qu'elle a pu rendre dans le passé, cette théorie doit être reconnue fausse.

Le fait est que tous les animaux, sauf quelques carnassiers et oiseaux rapaces, et sauf quelques espèces qui sont en train de disparaître, vivent en sociétés. Dans la lutte pour la vie, ce sont les espèces sociables qui l'emportent sur celles qui ne le sont pas. Dans chaque classe d'animaux, elles occupent le haut de l'échelle, et il ne peut y avoir le moindre doute que les premiers êtres d'aspect humain vivaient déjà en société.

L'homme n'a pas crée la société : la société est antérieure à l'homme.

La Science moderne et l'Anarchie

8. Critique du socialisme autoritaire

Enfin, la critique virulente de l'État autoritaire ne pouvait que conduire les penseurs libertaires à se méfier de la solution du problème social apportée par le communisme d'État, l'État central révolutionnaire. Ayant analysé la fonction de l'État comme essentiellement oppressive et religieuse, ils ne pouvaient qu'être circonspects devant les affirmations pleines d'optimisme selon lesquelles il suffit de prendre les rênes de l'État bourgeois et de le diriger vers un autre but pour réaliser le règne de la liberté et de l'égalité tant attendus. Proudhon, le premier, entrevoit la possibilité de dictature que contient en ses flancs le projet communiste autoritaire et si sa critique porte essentiellement sur l'utopie Icarienne de Cabet, on ne peut s'empêcher de faire le rapprochement avec les différentes expériences faites par le socialisme réel au XXe siècle. L'originalité de sa critique réside de plus en cela qu'il voit dans le communisme autoritaire l'aboutissement de la logique propriétaire, où tous les pouvoirs se trouvent concentrés entre les mains d'un seul homme, le chef ayant sur la nation le pouvoir absolu que le propriétaire a sur son bien.

Or, à l'époque où il expose ses objections, la dérive possible de l'État central révolutionnaire dont les pouvoirs se trouvent concentrés entre les mains d'un seul homme n'est pas un fait acquis au plan théorique. Avoir été capable de la prévoir clairement est d'autant plus remarquable. Bakounine lui aussi proteste contre le communisme autoritaire au nom de l'individu et de l'exigence de liberté sociale. On sait du reste quels rapports conflictuels il aura avec Marx au sein de l'AIT sur cette question. Kropotkine enfin prononce une parole prémonitoire en affirmant que « tant que les socialistes étatistes n'abandonneront pas leurs rêves de socialisation des instruments du travail entre les mains d'un État centralisé, le résultat inévitable de leurs tentatives de Capitalisme d'État et d'État socialiste sera l'échec de leurs rêves et la dictature militaire ». *Ce que ces trois auteurs ont en commun, au-delà de leur opposition à toute idée de dictature, c'est le refus de substituer une société autoritaire à une autre société autoritaire. Si la révolution veut durer, elle doit rompre avec toute conception militaire de la gestion des rapports humains et de l'ordre social.*

PROUDHON : « Dictature partout »

Dictature de l'industrie, dictature du commerce, dictature de la pensée, dictature dans la vie sociale et dans la vie privée, dictature partout : tel est le dogme qui plane, comme la nuée sur le Sinaï, sur l'utopie icarienne. La révolution sociale, M. Cabet ne la conçoit pas comme effet possible du développement des institutions et du concours des intelligences : cette idée est trop métaphysique pour son grand cœur. D'accord avec Platon et tous les révélateurs ; d'accord avec Robespierre et Napoléon ; d'accord avec Fourier, ce dictateur de la science sociale, qui n'a rien laissé à découvrir ; d'accord enfin avec M. Blanc et la démocratie de juillet, qui veut procurer le bonheur au peuple MALGRÉ LUI, et donner au pouvoir la plus *grande force d'initiative* possible, M. Cabet fait venir la réforme par le conseil, la volonté, la haute mission d'un personnage, héros, messie et représentant des Icariens. M. Cabet se garde bien de faire naître la loi nouvelle des discussions d'une assemblée régulièrement issue de l'élection populaire : moyen trop lent, qui compromettrait tout. Il lui faut un HOMME. Après avoir supprimé toutes les volontés individuelles, il les concentre dans une individualité suprême, qui exprime la pensée collective, et, comme le moteur immobile d'Aristote, donne l'essor à toutes les activités subalternes. Ainsi, par le simple développement de l'idée, l'on est invinciblement mené à conclure que l'idéal de la communauté est l'absolutisme. Et vainement on alléguerait pour excuse que cet absolutisme sera transitoire ; puisque, si une chose est nécessaire un seul instant, elle le devient à jamais, et la transition est éternelle.

Philosophie de la misère

BAKOUNINE : « Nous protesterons toujours contre tout ce qui ressemblera de près ou de loin, au communisme et au socialisme d'État »

Nous ne vous proposons pas, messieurs, tel ou tel système socialiste. Ce que nous vous demandons, c'est de proclamer de nouveau ce grand principe de la Révolution française : que tout homme doit avoir les moyens matériels et moraux de développer toute son humanité, principe qui se traduit selon nous, dans le problème suivant :

Organiser la société de telle sorte que tout individu, homme ou femme, venant à la vie, trouve des moyens à peu près égaux pour le développement de ses différentes facultés et pour leur utilisation pour son travail ; organiser une société qui, rendant à tout individu, quel qu'il soit, l'exploitation du travail d'autrui impossible, ne laisse chacun participer à la jouissance des richesses sociales, qui ne sont en réalité jamais produites que par le travail, qu'autant qu'il aura directement contribué à les produire par le sien.

La réalisation complète de ce problème sera sans doute l'œuvre des siècles. Mais l'histoire l'a posé et nous ne saurions désormais en faire abstraction, sans nous condamner nous-mêmes à une impuissance complète. Nous nous hâtons d'ajouter que nous repoussons énergiquement toute tentative d'organisation sociale qui, étrangère à la plus complète liberté tant des individus que des associations, exigerait l'établissement d'une autorité réglementaire de quelque nature que ce fût, et qu'au nom de cette liberté que nous reconnaissons comme l'unique fondement et comme l'unique créateur légitime de toute organisation, tant économique que politique, nous protesterons toujours contre tout ce qui ressemblera, de près ou de loin, au communisme et au socialisme d'État.

Fédéralisme, Socialisme et Antithéologisme

KROPOTKINE : « Le résultat de leurs tentatives… sera l'échec de leurs rêves et la dictature militaire »

Nous allons même plus loin. Nous affirmons que tant que les socialistes étatistes n'abandonneront pas leurs rêves de socialisation des instruments du travail entre les mains d'un État centralisé, le résultat inévitable de leurs tentatives de Capitalisme d'État et d'État socialiste sera l'échec de leurs rêves et la dictature militaire.

Sans entrer ici dans l'analyse des divers mouvements révolutionnaires, qui confirment notre manière de voir, il suffira de dire que nous comprenons la future révolution sociale, non pas comme une dictature jacobine, non pas comme une transformation des institutions sociales, accomplie par une Convention, un parlement ou un dictateur. Jamais révolution ne s'est faite de cette façon, et si le soulèvement ouvrier actuel prenait cette tournure, il serait condamné à périr sans avoir donné un résultat durable. Nous comprenons, au contraire, la révolution comme un mouvement populaire qui prend une large extension, et pendant lequel, dans chaque ville et dans chaque village de la région envahie par le mouvement insurrectionnel, les masses populaires se mettent elles-mêmes à l'œuvre de reconstruction de la société. Le peuple – les paysans et les travailleurs des villes – devra commencer lui-même le travail constructif, édificateur, sur des principes communistes plus ou moins larges, sans attendre des ordres et des dispositions d'en haut. Il devra, avant tout, s'arranger pour nourrir et loger tout le monde, et puis pour produire précisément ce qui sera nécessaire pour nourrir, loger et habiller tout le monde.

La Science moderne et l'Anarchie

Troisième partie
Les méfaits du capitalisme

Anticentralisme et anticapitalisme

Proudhon, Bakounine, Kropotkine ne sont pas moins anticapitalistes que Marx mais ils le sont différemment. En effet, alors que Marx entame sa critique du capital par sa théorie de la valeur, Proudhon arrive à la dénonciation du capital par la critique de la propriété. C'est dans les contradictions internes au système de la propriété en régime capitaliste que Proudhon a puisé les intuitions premières de son socialisme révolutionnaire, de même que c'est dans l'horreur du système tsariste, fondé sur la propriété féodale sur la terre et sur les serfs que Bakounine et Kropotkine ont puisé leur esprit de révolte (groupement n°1). Les penseurs libertaires ont donc déclaré la guerre à la propriété et par extension au capitalisme car ils se sont aperçu que les contradictions du libéralisme envahissaient la société dans sa totalité (groupement n°2), qu'il accroissait le chaos économique (groupement n°3), justifiait la misère et la paupérisation des masses (groupement n°4), qu'il reposait en grande partie sur un système d'organisation et de maintien du peuple dans l'ignorance de sa situation véritable (groupement n°5) qu'il favorisait la séparation, la division, la rupture entre les classes sociales et la domination de la bourgeoisie (groupement n°6). Sous ce rapport notons que si les penseurs libertaires ont dénoncé avec virulence l'attitude de la classe bourgeoise, ils n'ont pas voulu cependant établir de hiérarchie entre les classes dans le cadre du mouvement d'émancipation. Pour eux, aucune classe n'a été élue par l'Histoire pour diriger la révolution. Aucune n'est située en avant des autres, pas plus le prolétariat que la paysannerie : ainsi Proudhon, dans De la Capacité politique des classes ouvrières, *appelle à l'union de la « Sociale des cités » (les ouvriers) et de la « Marianne des champs » (les paysans) sans établir de hiérarchie entre ces classes. Enfin ils ont su rapprocher la cohérence du système d'exploitation du capital avec le système d'État central autoritaire (groupement n°7). Ici ils se distinguent clairement de Marx par leur critique du jacobinisme, du robespierrisme, dont ils dénoncent non pas la violence mais la tendance à la confiscation du pouvoir. Après le monopole politique, c'est bien entendu le monopole économique (groupement n°8) qui leur est apparu comme une terrible injustice, une cause de misère si spécifique à l'organisation du capitalisme, le capital tendant naturellement à se concentrer entre les mains d'une minorité au détriment de la majorité du peuple et provoquant ainsi son cortège de misère et de détresse humaines.*

À la lecture de ces différents textes, nous pouvons nous apercevoir que non seulement les théoriciens de l'anarchisme disposent d'une théorie économique critique générale à l'égard du capitalisme mais que sur bien des points, elle s'accorde avec la critique de l'économie libérale proposée par Marx et par les grands économistes marxistes. C'est sur les orientations tactiques, sociales et politiques que les analysent diffèrent, pas sur le constat global.

1. Contre la propriété

La critique de la propriété est au cœur de l'analyse économique libertaire. C'est sur elle qu'elle s'est historiquement appuyée, c'est par elle que tout a commencé.

Or que reproche Proudhon à la propriété ? C'est d'être en opposition directe avec le travail. Alors que la richesse, l'utilité sociale, la production viennent du travail, la propriété ne produit rien (d'autre qu'un intérêt payé au propriétaire) ; alors que le travail demande à être équilibré par son produit, la propriété n'est équilibrée par rien ; alors que la richesse s'accroît par l'intensitification de la force de production du travail, la propriété n'accroît aucunement la force productive ; alors que le travail se nourrit de ce qu'il produit, la propriété qui se nourrit d'un intérêt (sous forme de loyer, d'aubaine ou de fermage) étrangle le travailleur et finalement le tue ; alors que le travail donne accès à une part proportionnée de la richesse sociale, la propriété envahit tout ; alors que le travail consomme de manière productive, utile, en favorisant la production, la propriété consomme de façon destructive, inutile (elle thésaurise son intérêt). De même, alors que tout droit s'équilibre par sa satisfaction, le droit de propriété tombe dans une régression à l'infini, demande toujours plus d'intérêt ; enfin, alors que le travail trouve sa force dans sa nécessité même, la propriété ne se maintient que par la force extérieure, celle du propriétaire qui s'impose face aux autres propriétaires ou à ses débiteurs. C'est pour toutes ces raisons, parce qu'il est inégalitaire, injuste, déséquilibré, que Proudhon conclut à l'impossibilité logique du système propriétaire. Proudhon choisit le travail contre la propriété et bientôt choisira le travail contre le capital. C'est pour ces mêmes raisons également et du fait de la violence du système propriétaire russe, que Bakounine va conclure à la nécessité de détruire la propriété individuelle et que Kropotkine opposera au droit bourgeois du propriétaire, le droit d'expropriation collective car « une fois que le principe de la Sainte Propriété sera ébranlé, les théoriciens n'empêcheront pas qu'elle soit détruite ».

PROUDHON : « La propriété est impossible, parce qu'elle est la négation de l'égalité »

La propriété est impossible, parce qu'elle est la négation de l'égalité.

Le développement de cette proposition sera le résumé des précédentes.

1. Le principe du droit économique est que *les produits ne s'achètent que par des produits*, la propriété, ne pouvant être défendue que comme productrice d'utilité et ne produisant rien, est dès ce moment condamnée.

2. C'est une loi d'économie que *le travail doit être balancé par le produit* ; c'est un fait qu'avec la propriété, la production coûte plus qu'elle ne vaut.

3. Autre loi d'économie : *le capital étant donné, la production se mesure non plus à la grandeur du capital mais à la force productrice* ; la propriété, exigeant que le revenu soit toujours proportionnel au capital, sans considération du travail, méconnaît ce rapport d'égalité de l'effet à la cause.

4. et 5. Comme l'insecte qui file sa soie, le travailleur ne produit jamais que pour lui-même ; la propriété demandant produit double et ne pouvant l'obtenir, dépouille le travailleur et le tue.

6. La nature n'a donné à chaque homme qu'une raison, un esprit, une volonté ; la propriété, en accordant au même individu pluralité de suffrages, lui suppose pluralité d'âmes.

7. Toute consommation qui n'est pas productrice d'utilité est une destruction ; la propriété, soit qu'elle consomme, soit qu'elle épargne, soit qu'elle capitalise, est productrice d'inutilité, cause de stérilité et de mort.

8. Toute satisfaction d'un droit naturel est une équation ; en d'autres termes, le droit à une chose est nécessairement rempli par la possession de cette chose. Ainsi, entre le droit à la liberté et la condition de

l'homme libre il y a balance, équation ; entre le droit d'être père et la paternité, équation ; entre le droit à la sûreté et la garantie sociale, équation. Mais entre le droit d'aubaine et la perception de cette aubaine, il n'y a jamais équation ; car à mesure que l'aubaine est perçue, elle donne droit à une autre, celle-ci à une troisième, etc., ce qui n'a plus de terme. La propriété n'étant jamais adéquate à son objet est un droit contre la nature et la raison.

9. Enfin, la propriété n'existe pas par elle-même ; pour se produire, pour agir, elle a besoin d'une cause étrangère, qui est la *force* ou la *fraude* ; en d'autres termes, la propriété n'est point égale à la propriété, c'est une négation, un mensonge, RIEN.

Qu'est ce que la propriété ? premier mémoire, 1840

PROUDHON : « Cette force immense… il ne l'a point payée. »

Le capitaliste, dit-on, a payé *les journées* des ouvriers ; pour être exact il faut dire que le capitaliste a payé autant de fois *une journée* qu'il a employé d'ouvriers chaque jour, ce qui n'est point du tout la même chose. Car, cette force immense qui résulte de l'union et de l'harmonie des travailleurs, de la convergence et de la simultanéité de leurs efforts, il ne l'a point payée. Deux cents grenadiers ont en quelques heures dressé l'obélisque de Louxor sur sa base ; suppose-t-on qu'un seul homme en deux cents jours, en serait venu à bout ? Cependant au compte du capitaliste, la somme des salaires eût été la même. Eh bien, un désert à mettre en culture, une maison à bâtir, une manufacture à exploiter, c'est l'obélisque à soulever, c'est une montagne à changer de place. La plus petite fortune, le plus mince établissement, la mise en train de la plus chétive industrie, exigent un concours de travaux et de talents si divers que le même homme n'y suffirait jamais. Il est étonnant que les économistes ne l'aient pas remarqué. Faisons donc la balance de ce que le capitaliste a reçu et de ce qu'il a payé.

Qu'est ce que la propriété ? premier mémoire, 1840

BAKOUNINE : « Il faudra tout détruire et surtout et avant tout la propriété et son corollaire inévitable : l'État »

Sous ce rapport l'histoire est pleine d'enseignements : la terrible guillotine de 1793 qu'on ne saurait accuser ni de paresse, ni de lenteur, n'est pas parvenue à détruire la classe nobiliaire en France. L'aristocratie a été sinon détruite complètement, du moins profondément ébranlée, non par la guillotine, mais par la confiscation et la vente de ses biens. Et en général on peut dire que les carnages politiques n'ont jamais tué de partis ; ils se sont montrés surtout impuissants contre les classes privilégiées, tant la puissance réside beaucoup moins dans les hommes que dans les positions que fait aux hommes privilégiés l'organisation des choses, c'est-à-dire l'institution de l'État et sa conséquence aussi bien que sa base naturelle, la propriété individuelle.

Pour faire une révolution radicale, il faut donc s'attaquer aux positions et aux choses, détruire la propriété et l'État, alors on aura pas besoin de détruire les hommes, et de se condamner à la réaction infaillible et inévitable que n'a jamais manqué et ne manquera jamais de produire dans chaque société le massacre des hommes.

Mais pour avoir le droit d'être humain pour les hommes, sans danger pour la révolution, il faudra être impitoyable pour les positions et les choses : il faudra tout détruire et surtout et avant tout la propriété et son corollaire inévitable : l'État. Voilà tout le secret de la révolution.

Programme et objet de l'Organisation secrète révolutionnaire des frères internationaux, 1868

Kropotkine : « Une fois que le principe de la Sainte Propriété sera ébranlé, les théoriciens n'empêcheront pas qu'elle soit détruite »

Tout se tient dans nos sociétés, et il est impossible de réformer quoi que ce soit sans ébranler l'ensemble. Du jour où l'on frappera la propriété privée sous l'une de ses formes (foncière ou industrielle), on sera forcé de la frapper sous toutes les autres. Le succès même de la révolution l'imposera.

D'ailleurs, le voudrait-on, on ne pourrait pas se borner à une expropriation partielle. Une fois que le principe de la Sainte Propriété sera ébranlé, les théoriciens n'empêcheront pas qu'elle soit détruite, ici par les serfs de la glèbe, et là par les serfs de l'industrie.

Si une grande ville – Paris, par exemple – met seulement la main sur les maisons ou sur les usines, elle sera amenée par la force même des choses à ne plus reconnaître aux banquiers le droit de prélever sur la Commune cinquante millions d'impôts sous la forme d'intérêts pour les prêts antérieurs. Elle sera obligée de se mettre en rapport avec des cultivateurs, et forcément elle les poussera à s'affranchir des possesseurs du sol. Pour pouvoir manger et produire, il lui faudra exproprier les chemins de fer ; enfin pour éviter le gaspillage des denrées, pour ne pas rester, comme la commune de 1793, à la merci des accapareurs de blé, elle remettra aux citoyens mêmes le soin d'approvisionner leurs magasins de denrées et de répartir les produits.

La Conquête du pain

2. Les contradictions du libéralisme

Très vite les penseurs libertaires ont compris que le système capitaliste, tout paré qu'il était d'une idéologie qui se proclamait libératrice, ne pouvait servir de cadre à l'épanouissement des libertés individuelles et collectives.

Proudhon montre les mauvais penchants naturels de la bourgeoisie : concurrence acharnée, individualisme forcené, égoïsme porté au rang de valeur suprême, tendance au monopolisme.

Bakounine y ajoute l'idée que ce culte de la liberté cher aux entrepreneurs n'est qu'un masque qui tombe très vite à la première crise. Car les libertés, accordées à profusion aux minorités dominantes, ne doivent pas être étendues à tout le corps social : l'État fort, officiellement étranger au principe du libéralisme, lui fournit en effet une aide précieuse dans le combat que mène la bourgeoisie contre les aspirations égalitaires du peuple. Cela explique ce culte de l'autorité étatique que l'on rencontre chez des capitaines d'industrie fort enclins par ailleurs au « laissez faire » dans le domaine économique et financier…

Kropotkine s'attaque pour sa part au cœur même de la philosophie libérale, dénonçant en Malthus un idéologue providentiel pour la bourgeoisie conquérante. En peu de mots il signale la forfaiture des théories malthusiennes, qui sont le pendant cynique dans le domaine social de la doctrine économique du libéralisme. Au « laissez faire » des entrepreneurs, Malthus ajoute le « laissez mourir », parlant des pauvres, en surnombre selon lui. Cette vision cruelle, Kropotkine ne peut la partager, ni en tant que savant – ce qu'il est – ni en tant que militant. La qualité de son analyse montre une clairvoyance rare à cette époque.

PROUDHON : « Chacun pour soi et Dieu (!) pour tous »

Proposez au bourgeois de s'engager dans une opération selon les règles du mutualisme, il vous répondra : Non, j'aime mieux rester libre.

Libre de quoi ? De placer, le cas échéant, son argent à plus gros intérêt, au risque de n'en pas trouver le placement ou de le placer sur une hypothèque ruineuse ; de vendre ses marchandises à gros bénéfice, au risque de se voir contraint de les vendre à perte ; de surfaire ses produits, quitte à les avilir lui même, s'il survient stagnation ou encombrement ; d'affermer ses terres à un taux exagéré, au risque de ruiner son fermier et de n'être pas payé ; libre, dis-je, de spéculer sur la hausse et sur la baisse, d'agioter, de jouer, de faire la loi aux autres, d'user et d'abuser du monopole, dût-il subir des conditions plus dures encore, et, après avoir flagellé ses confrères, être victime de leurs représailles. Le bourgeois n'est pas pour les opérations certaines, dès lors qu'elles exigent de lui une certaine réciprocité. Il recherche l'aléatoire, pour peu qu'il y ait probabilité de réussite. Tout lui est occasion, moyen ou prétexte de concurrence acharnée, sans distinction de ce qui est le fait de l'homme et de ce qui résulte de la force des choses. L'assurance même, si aisée à mutualiser, il la pratique de préférence en mode monopoleur.

Cette insolidarité économique, je devrais dire cette non-moralité des transactions, préconisée par l'économie politique de l'École anglaise, le bourgeois s'en est fait un principe, une théorie, une doctrine. Pour lui, l'idée d'un droit économique, complément et corollaire du droit politique et du droit civil, n'existe pas : c'est un non-sens. Chacun chez soi, chacun pour soi et Dieu (!) pour tous. Telle est sa devise.

De la Capacité politique des classes ouvrières

Bakounine : « Les libéraux bourgeois les plus exaltés redeviennent des partisans forcenés de l'omnipotence de l'État »

Les doctrinaires libéraux, au moins ceux parmi eux qui prennent les théories libérales au sérieux, partent du principe de la liberté individuelle, se posent tout d'abord, comme on sait, en adversaires de celui de l'État. Ce sont eux qui ont dit les premiers que le gouvernement, c'est-à-dire le corps des fonctionnaires organisé d'une manière ou d'une autre et chargé spécialement d'exercer l'action de l'État, était un mal nécessaire, et que toute la civilisation consistait en ceci, d'en diminuer toujours davantage les attributs et les droits. Pourtant nous voyons, qu'en pratique, toutes les fois que l'existence de l'État est mise sérieusement en question, les libéraux doctrinaires se montrent des partisans non moins fanatiques du droit absolu de l'État que les absolutistes monarchistes et jacobins.

Le culte qu'ils rendent malgré tout à l'État, en apparence du moins si complètement opposé à leurs maximes libérales, s'explique de deux manières : d'abord pratiquement par les intérêts de leur classe, l'immense majorité des libéraux doctrinaires appartenant à la bourgeoisie. Cette classe si nombreuse et si respectable ne demanderait pas mieux que de s'accorder à elle-même le droit ou plutôt le privilège de la plus complète anarchie ; toute son économie sociale, la base réelle de son existence politique, n'a d'autre loi, on le sait, que cette anarchie exprimée dans ces mots devenus si célèbres : « Laissez faire, laissez passer ». Mais elle n'aime cette anarchie que pour elle même et à condition seulement que les masses « trop ignorantes pour en jouir sans en abuser » restent soumises à la plus sévère discipline de l'État. Car si les masses, fatiguées de travailler pour autrui, allaient s'insurger, toute l'existence politique et sociale de la bourgeoisie croulerait. Aussi voyons-nous partout et toujours que, quand la masse des travailleurs se remue, les libéraux bourgeois les plus exaltés redeviennent immédiatement des partisans forcenés de l'omnipotence de l'État.

Dieu et l'État

KROPOTKINE : « Une espèce d'argument scientifique contre les idées égalitaires »

Peu de livres ont exercé une influence aussi pernicieuse sur le développement général de la science économique que celle qu'exerça *L'Essai sur le principe de la population* de Malthus pendant trois générations successives. Comme tous les livres qui ont eu quelque influence, il parut à l'heure voulue et il résumait les idées qui avaient déjà cours parmi la minorité possédante. C'était précisément au moment où les idées d'égalité et de liberté, éveillées par les révolutions américaine et française, régnaient encore dans l'esprit des pauvres et où les classes riches étaient fatiguées de leurs excursions de dilettantes sur ces mêmes domaines, que Malthus vint affirmer, en réponse à Godwin, que l'égalité est chose impossible, que la pauvreté de tant de gens n'est pas due aux institutions, mais représente l'effet d'une loi naturelle. La population, écrivait-il, s'accroît trop rapidement et les nouveaux venus ne trouvent pas de place au banquet de la nature ; aucun changement dans les institutions ne pourra modifier cette loi. Il fournissait ainsi aux riches une espèce d'argument scientifique contre les idées égalitaires, et nous savons que si tout pouvoir est fondé sur la force, la force elle même commence à trembler dès qu'elle n'est plus soutenue par une ferme croyance en la légitimité de son droit.

Quant aux classes pauvres, qui ressentent toujours l'influence des idées circulant à un moment donné parmi les classes aisées, cette doctrine leur enlevait l'espoir même d'une amélioration ; elle les rendait sceptiques devant les promesses des réformateurs sociaux, et jusqu'à ces temps-ci les réformateurs les plus hardis ont eu des doutes sur la possibilité de satisfaire les besoins de tous, puisqu'une amélioration du bien-être des travailleurs aurait pour résultat un accroissement immédiat de la population.

Champs, usines et ateliers

3. L'inefficacité économique du capitalisme

La brutalité et la rapidité du décollage industriel de l'Angleterre, puis de l'Allemagne et de la France au XIX*e* *siècle servent de décor économique et social à l'observation critique des penseurs révolutionnaires de la période. Proudhon, parmi les premiers, cherche à montrer que l'absurdité du désordre capitaliste (le fameux « laissez faire » prôné par les économistes libéraux) à un coût énorme en termes d'efficacité aussi bien que sur le plan humain. À cette dénonciation de l'« anarchie industrielle » par Proudhon, Bakounine ajoute celle de l'exploitation des travailleurs des usines et de la terre, jetés dans l'abrutissement, exclus de la culture et du confort. Chez Kropotkine qui écrit à la fin du siècle, on perçoit l'attaque contre l'inhumanité des besognes répétitives et sous-payées, l'injustice d'un partage inégal du droit au loisir et à l'intelligence. Plus loin que Proudhon et Bakounine même, il pousse l'analyse jusqu'au refus du salariat. Il y voit la cause principale non seulement de la division du travail intellectuel et du travail manuel, mais aussi, de ce fait, de la perpétuation des inégalités dans la répartition des tâches, et donc des chances de partager équitablement le droit au bonheur.*

PROUDHON : « Tout est absurde dans les conditions actuelles du travail »

Tout est absurde dans les conditions actuelles du travail et semble avoir été combiné pour l'asservissement à perpétuité de l'ouvrier.

Après avoir, dans l'intérêt de la production, divisé et sous-divisé à l'infini le travail, on a fait de chacune de ces parcelles l'objet d'une profession particulière de laquelle le travailleur, enroutiné, hébété, ne s'échappe plus. Politiquement affranchi par la Révolution, il est refait serf de la glèbe, en son corps, en son âme, en sa famille, en toutes ses générations, de par la distribution vicieuse, mais invétérée du travail.

Ce n'est pas tout : comme si l'exercice d'une fonction ainsi limitée devait épuiser toutes les forces de son intelligence, toutes les aptitudes de sa main, on a limité à l'apprentissage de cette parcelle l'éducation théorique et pratique du travailleur. Et pour cet apprentissage on a exigé du prolétaire, comme première mise de fond, de longues années de services gratuits, la fleur de sa jeunesse, la crème de sa vigueur. Le plus beau et le meilleur de la vie est prélevé sur l'ouvrier par le patron, qui après cela, ne peut pas même lui garantir de l'emploi.

De la Justice dans la Révolution et dans l'Église

Proudhon : « Le gâchis économique »

Mais de toutes les entraves à l'autorité, la plus puissante, la seule qui agisse d'une manière efficace, et qui aujourd'hui partage avec l'absolutisme impérial l'omnipotence de la nation, ce fut, devinez quoi ? l'anarchie mercantile et industrielle, le gâchis économique, la liberté de l'usure et de l'agiotage, le « chacun chez soi, chacun pour soi » dans l'idéalité de son égoïsme, le « laissez faire, laissez passer » dans sa plus large extension, la propriété dans toute la laideur du vieux droit quiritaire ; en deux mots la négation de toute mutualité et garantie, l'insolidarité absolue, le néant économique. C'était logique : à un principe exorbitant, force était d'en opposer un autre non moins exorbitant. *Abyssus Abyssum invocat* [le gouffre appelle le gouffre]. Là est le grand secret du désordre contemporain : deux fléaux qui s'arc-boutent, qui au lieu de se paralyser réciproquement, se donnent pour ainsi dire une sanction mutuelle. Depuis ils ont grandi tous deux, chacun dans sa sphère. Le pouvoir est devenu de plus en plus absorbant et oppressif ; l'anarchie économique s'est manifestée par un agiotage effréné, des coups de commerce inouïs, des spéculations de Bourse épouvantables, un enchérissement progressif et universel.

Le bourgeois fait de la banque, de l'industrie, de l'agriculture même, de l'extraction, de la navigation, de la commission, etc. ; mais en dehors de toutes conventions ayant pour but de diminuer les risques, d'écarter le hasard, de fixer les valeurs, ou d'en empêcher les violents écarts, de balancer les avantages entre le vendeur et l'acheteur. Il a horreur de tout ce qui pourrait, en lui donnant une garantie, lui imposer une obligation ; il nie la solidarité économique, il répugne à la mutualité.

De la Capacité politique des classes ouvrières

BAKOUNINE : « Ces innombrables millions de prolétaires ou même de petits propriétaires de la terre »

Somme toute, travailleurs de métiers et d'usines et travailleurs de la terre forment ensemble une seule et même catégorie représentant le travail des muscles, opposée aux représentants privilégiés du travail nerveux. Quelle est la conséquence de cette division non fictive, mais très réelle, et qui constitue le fond même de la situation actuelle tant politique que sociale ?

Aux représentants privilégiés du travail nerveux qui, par parenthèse, dans l'organisation actuelle de la société, sont appelés à le représenter non parce qu'ils seraient les plus intelligents, mais seulement parce qu'ils sont nés au milieu de la classe privilégiée, à eux tous les bienfaits, mais aussi toutes les corruptions de la civilisation actuelle, la richesse, le luxe, le confort, le bien-être, les douceurs de la famille, la liberté politique exclusive avec la faculté d'exploiter le travail des millions d'ouvriers et de les gouverner à leur guise et dans leur intérêt propre, toutes les créations, tous les raffinements de l'imagination et de la pensée… et avec le pouvoir de devenir des hommes complets, tous les poisons de l'humanité pervertis par le privilège.

Aux représentants du travail musculaire, à ces innombrables millions de prolétaires ou même de petits propriétaires de la terre, que reste-t-il ? une misère sans issue, pas même les joies de la famille, car la famille pour le pauvre devient un fardeau, l'ignorance, une barbarie et nous dirions presque une bestialité forcée avec la consolation qu'ils servent de piédestal à la civilisation, à la liberté et à la corruption d'un petit nombre.

Par contre, ils ont conservé une fraîcheur d'esprit et de cœur. Moralisés par le travail même forcé, ils ont gardé un sens de la justice bien autrement juste que la justice des jurisconsultes et des codes ; misérables, ils compatissent à toutes misères, ils ont conservé un bon sens non corrompu par les sophismes de la science doctrinaire ou par les mensonges de la politique, et comme ils n'ont pas encore abusé, ni même usé de la vie, ils ont foi dans la vie.

Fédéralisme, Socialisme et Antithéologisme

KROPOTKINE : « Le travail ne se présentera plus comme une malédiction du sort »

Quel intérêt, en effet peut avoir ce travail abrutissant pour l'ouvrier, qui d'avance connaît son sort, qui du berceau à la tombe, vivra dans la médiocrité, la pauvreté, l'insécurité du lendemain ? Aussi, quand on voit l'immense majorité des hommes reprendre chaque matin la triste besogne, on reste surpris de leur persévérance, de leur attachement au travail, de l'accoutumance qui leur permet, comme une machine obéissant en aveugle à l'impulsion donnée, de mener cette vie de misère sans espoir du lendemain, sans même entrevoir en de vagues lueurs qu'un jour, eux, ou du moins leurs enfants, feront partie de cette humanité, riche enfin de tous les trésors de la libre nature, de toutes les jouissances du savoir et de la création scientifique et artistique, réservées aujourd'hui à quelques privilégiés.

C'est précisément pour mettre fin à cette séparation entre le travail de la pensée et le travail manuel, que nous voulons abolir le salariat, que nous voulons la Révolution sociale. Alors le travail ne se présentera plus comme une malédiction du sort : il deviendra ce qu'il doit être : le libre exercice de toutes les facultés de l'homme.

La Conquête du pain

4. Capitalisme et paupérisation

Les premiers penseurs libertaires, parallèlement aux activistes socialistes et aux révolutionnaires marxistes, ont assisté à l'installation puis à la généralisation des nouvelles règles économiques voulues par la nouvelle philosophie libérale. Le libre-échangisme, immédiatement démasqué par Proudhon comme un mal à la fois national et mondial, est dépeint par Bakounine comme la cause principale de la misère vécue par les classes ouvrières d'Angleterre et de l'Europe en général. Kropotkine, meilleur dialecticien, en l'occurrence, dénonce la double nature de la paupérisation, comme effet mais aussi comme cause à part entière de l'exploitation, dans le cadre de la dénonciation du principe du salariat. Il montre que l'assujettissement du demandeur d'emploi est l'effet même de son salaire et que cette situation, qui définit la relation salariale, n'est profitable qu'à l'employeur.

Maintenu dans la dépendance du fait de sa pauvreté, le travailleur producteur de plus-value accepte n'importe quelle condition de travail et de salaire car il n'est en mesure de rien refuser. Ainsi pour Kropotkine l'extorsion de la plus-value ne condamne pas en droit le capitalisme seul, mais bien la relation salariale en tant que telle. Captée par l'alliance de l'entrepreneur et du banquier, la richesse produite par le travailleur sous-payé lui échappe. Celui-ci est donc contraint d'accepter le principe du salariat, car toute autre forme d'échange a été rendue impossible par la paupérisation.

PROUDHON : « Cette manière d'entendre le libre-échange est celle que nous repoussons de toutes nos forces »

Le libre-échange, de même que le libre travail, la libre concurrence et une foule d'autres choses qu'il est de mode aujourd'hui, dans un certain monde, de qualifier de libres, peut se prendre en deux sens fort différents. Ou bien il s'agit, en effet, d'une liberté de commerce entourée de toutes les garanties de sincérité, de mutualité et d'égalité que réclame le droit économique et dont nous avons parlé précédemment dans la deuxième partie de ce travail ; dans ce cas, il est clair que la liberté des échanges ainsi pratiquée peut être loyale, utile, féconde, absolument irréprochable ; il est à peine besoin d'ajouter que nous sommes au plus haut degré libre-échangiste. Ou bien l'on n'entend parler, avec les économistes de l'école anglaise, que de l'échange fait *ad libitum*, en toute licence, en dehors de toute réserve du droit de mutualité, égalité et sûreté ; dans ce cas, il n'est pas moins évident qu'un pareil trafic, trafic de surprise, anarchique et plein de mauvaise foi, n'est qu'un leurre grossier, que tout économiste honnête homme et soucieux des intérêts de son pays repoussera avec indignation. Cette manière d'entendre le libre-échange est celle que nous repoussons et combattons de toutes nos forces.

De la Capacité des classes ouvrières

PROUDHON : « Le libre-échange est pour la population de tous les pays un mal »

Je ferais observer que si le libre-échange laisse entière la question de la répartition, par cela même il est pour la population de tous les pays un mal puisque l'inégalité devenant de plus en plus profonde que le travail aura été universellement divisé, et l'exploitation capitaliste organisée sur une grande échelle, la misère des masses sera en proportion de la richesse acquise et leur servitude d'autant plus complète : double péril, qui fournit aux amis de l'égalité une raison suffisante de se prononcer en l'état de chose, contre le libre-échange. L'Europe en est témoin : plus, sous ce régime de non-équilibre, le commerce international prend de l'extension et le capitalisme se centralise, plus aussi, à côté d'une richesse croissante, la difficulté de vivre augmente, le paupérisme se multiplie, la féodalité se reforme et la liberté s'amoindrit. Faites d'abord la balance des salaires, ensuite celle des valeurs après celle des escomptes, puis celle du crédit et de la propriété : vous pourrez alors, de peuple à peuple, proclamer la liberté des échanges ; hors de là, vous ne faites que préparer le servage des nations.

De la Justice dans la Révolution et dans l'Église

Bakounine : « En Angleterre, la mort par la faim est un fait journalier »

L'Angleterre, la Belgique, la France, l'Allemagne sont certainement les pays de l'Europe où le commerce et l'industrie jouissant comparativement de la plus grande liberté, ont atteint le plus haut degré de développement. Et précisément ce sont aussi les pays où le paupérisme se sent de la manière la plus cruelle, où l'abîme entre les capitalistes et les propriétaires d'un côté et les classes ouvrières de l'autre semble s'être élargi à un point inconnu dans d'autres pays. En Russie, dans les pays scandinaves, en Italie, en Espagne, où le commerce et l'industrie sont peu développés, à moins de quelque catastrophe extraordinaire, on meurt rarement de faim. En Angleterre, la mort par la faim est un fait journalier. Et ce ne sont pas seulement des individus isolés, ce sont des milliers, des dizaines, des centaines de milliers qui en meurent. N'est-il pas évident que, dans l'état économique qui prévaut actuellement dans tout le monde civilisé, la liberté et le développement du commerce et de l'industrie, les applications merveilleuses de la science à la production, les machines même qui ont pour mission d'émanciper le travailleur, en allégeant le travail humain, que toutes ces inventions, ce progrès, dont s'enorgueillit à juste titre l'homme civilisé, loin d'améliorer la situation des classes ouvrières ne font que l'empirer et la rendre plus insupportable encore ?

Fédéralisme Socialisme et Antithéologisme

KROPOTKINE : « Nos villes et nos villages grouillent de travailleurs qui n'ont pas de quoi vivre un mois »

Le propriétaire du sol s'enrichit de la misère des paysans. Il en est de même pour l'entrepreneur industriel. Voilà un bourgeois qui, d'une manière ou d'une autre, se trouve posséder un magot de cinq-cent-mille francs. Il peut certainement dépenser son argent à raison de cinquante-mille francs par an, très peu de choses au fond, avec le luxe fantaisiste insensé que nous voyons de nos jours. Mais alors, il n'aura plus rien au bout de dix ans. Aussi, en homme « pratique », préfère t-il garder sa fortune intacte et se faire de plus un joli petit revenu annuel. C'est très simple, dans notre société, précisément parce que nos villes et nos villages grouillent de travailleurs qui n'ont pas de quoi vivre un mois, ni même une quinzaine. Notre bourgeois monte une usine : les banquiers s'empressent de lui prêter encore cinq-cent-mille francs, surtout s'il a la réputation d'être adroit ; et, avec son million, il pourra faire travailler cinq-cents ouvriers. S'il n'y avait dans les environs que des hommes et des femmes dont l'existence fût garantie, qui donc irait travailler chez notre bourgeois ? Personne ne consentirait à lui fabriquer pour un salaire de trois francs par jour, des marchandises de la valeur de cinq ou même de dix francs.

Malheureusement, nous ne le savons que trop, les quartiers pauvres des villes et des villages voisins sont remplis de gens dont les enfants dansent devant le buffet vide. Aussi, l'usine n'est pas encore achevée, que les travailleurs accourent pour s'embaucher. Il n'en faut que cent et il en est déjà venu mille. Et dès que l'usine marchera, le patron, s'il n'est pas le dernier des imbéciles encaissera net, sur chaque paire de bras travaillant chez lui, un millier de francs par an.

Notre patron se fera ainsi un joli revenu. Et s'il a choisi une branche d'industrie lucrative, s'il est habile, il agrandira peu à peu son usine et augmentera ses rentes en doublant le nombre des hommes qu'il exploite.

La Conquête du Pain

5. L'ignorance des masses

Proudhon, Bakounine et Kropotkine ont vécu en un siècle où l'enseignement universel n'existait pas. Pour ces révolutionnaires issus de milieux cultivés, ou ayant acquis par l'autodidactisme, comme le fit Proudhon, un niveau de culture exceptionnel, l'ignorance des masses est un fait très préoccupant, en même temps qu'une des pierres porteuses de l'édifice auquel ils s'attaquent. Ils perçoivent bien que les pouvoirs jouent de cette inculture collective pour asseoir les préjugés qui assurent la consolidation idéologique du système d'oppression et d'exploitation. Les penseurs libertaires dénoncent donc, sur un ton mêlé de colère et de désespoir, l'état d'abrutissement créé par les terribles conditions de travail dans les usines et dans les champs. Pour eux cette interdiction d'apprendre dont souffrent les classes laborieuses est une des principales causes du ralentissement de la marche de la Révolution.

Cela explique qu'ils aient si souvent insisté, dans toutes leurs œuvres, sur l'idée que l'établissement d'un système scolaire accessible à tous, d'un enseignement libéré des préjugés, tourné vers la prise de conscience, serait une victoire considérable. Car un système social fondé sur la volonté à peine masquée d'empêcher les travailleurs de réfléchir sur leur sort actuel comme sur leur avenir serait mis en danger par une humanité libérée des chaînes de l'ignorance.

PROUDHON : « Cette lèpre hideuse de l'ignorance des masses »

Étonnez-vous encore que notre jeunesse soit mal élevée ; que le peu qu'elle apprend soit pire qu'une complète ignorance ; que refoulée dans l'étroitesse de ses fonctions parcellaires notre classe ouvrière se montre si peu digne de ce beau nom, et qu'elle mérite plutôt celui de classe de manœuvres, classe de mercenaires ! Contradiction odieuse ! Nous avons huit millions de jeunes gens de sept à dix-huit ans, dont le produit, évalué de 10 centimes à 1 franc par jour, en ne comptant que trois cents jours de travail dans l'année, couvrirait et au-delà les 1 200 ou 1 300 millions qu'ils coûteraient au pays, ne laissant à la charge des familles que les frais d'habillement, linge et chaussures. Et ces jeunes gens, nous ne savons en tirer parti, nous ne savons où prendre les frais que leur instruction réclame, nous les abandonnons à l'exploitation de leurs malheureux parents, ou, ce qui est pire, des grands spéculateurs de l'industrie monopoleuse, et l'ignorance les refoule dans les limbes de la mendicité et du crime.

De là cette lèpre hideuse de l'ignorance des masses, que les plus conséquents de nos hommes d'État en sont venus à considérer comme de nécessité providentielle, et que la haute exploitation serait peut-être fachée de voir guérie ; de là ces institutions de charité qu'on croirait inventées tout exprès pour donner à des inférieurs juste le degré de savoir que réclame une consciencieuse obéissance ; de là enfin les impuissances et les hypocrisies du libéralisme.

De la Capacité des classes ouvrières

Bakounine : « L'ignorance des masses »

Le plus grand nombre des hommes, pas seulement dans les masses populaires, mais dans les classes privilégiées et éclairées aussi bien et souvent même plus que dans les masses, ne se sentent tranquilles et en paix avec eux-mêmes que lorsque dans leurs pensées et dans tous les actes de leur vie ils suivent fidèlement, aveuglément, la tradition et la routine : « Nos pères ont pensé et fait ainsi, nous devons penser et faire comme eux ; tout le monde autour de nous pense et agit ainsi, pourquoi penserions et agirions-nous autrement que tout le monde ? » Ces mots expriment la philosophie, la conviction et la pratique des quatre-vingt-dix-neuf centièmes parties de l'humanité, prise indifféremment dans toutes les classes de la société. Et comme je l'ai déjà observé, c'est là le plus grand empêchement au progrès et à l'émancipation plus rapide de l'espèce humaine.

Quelles sont les causes de cette lenteur désolante et si proche de la stagnation qui constitue, selon moi, le plus grand malheur de l'humanité ? Ces causes sont multiples. Parmi elles, l'une des plus considérables sans doute, c'est l'ignorance des masses. Privées généralement et systématiquement de toute éducation scientifique, grâce aux soins paternels de tous les gouvernements et des classes privilégiées qui trouvent utile de les maintenir aussi longtemps que possible dans l'ignorance, dans la piété, dans la foi, trois substantifs qui expriment à peu près la même chose, elles ignorent également l'existence et l'usage de cet instrument d'émancipation intellectuelle qu'on appelle la critique, sans laquelle il ne peut y avoir de révolution morale et sociale complète. Les masses qui ont tout intérêt à se révolter contre l'ordre des choses établi, y sont encore plus ou moins rattachées par la religion de leurs pères, cette providence des classes privilégiées.

Dieu et l'État

Bakounine : « La lenteur désolante du développement historique de l'humanité »

Considérés au point de vue de leur existence terrestre, c'est-à-dire non fictive mais réelle, la masse des hommes présente un spectacle tellement dégradant, si mélancoliquement pauvre d'initiative, de volonté et d'esprit, qu'il faut être doué vraiment d'une grande capacité de se faire illusion pour trouver en eux une âme immortelle et l'ombre d'un libre-arbitre quelconque. Ils se présentent à nous comme des êtres absolument et fatalement déterminés : déterminés avant tout par la nature extérieure, par la configuration du sol et par toutes les conditions matérielles de leur existence ; déterminés par les innombrables rapports politiques, religieux et sociaux, par les coutumes, les habitudes, les lois, par tout un monde de préjugés ou de pensées élaborées lentement par les siècles passés, et qu'ils trouvent en naissant à la vie dans la société, dont ils ne sont jamais les créateurs, mais les produits d'abord et plus tard les instruments. Sur mille hommes on en trouvera à peine un, duquel on puisse dire à un point de vue non absolu mais seulement relatif, qu'il veut et qu'il pense de soi-même. L'immense majorité des individus humains, non seulement dans les masses ignorantes, mais tout aussi bien dans les classes civilisées et privilégiées, ne veulent et ne pensent que ce que tout le monde autour d'eux veut et pense, ils croient sans doute vouloir et penser eux-mêmes, mais ils ne font que répéter servilement, routinièrement, avec des modifications tout à fait imperceptibles et nulles, les pensées et les volontés d'autrui. Cette servilité, cette routine, sources intarissables du lieu commun, cette absence de révolte dans la volonté et cette absence d'initiative dans la pensée des individus sont les causes principales de la lenteur désolante du développement historique de l'humanité.

Dieu et l'État

KROPOTKINE : « Votre école devient une université de la paresse, comme votre prison est une université du crime »

Ne voyez-vous donc pas qu'avec vos méthodes d'enseignement, élaborées par un ministère pour huit millions d'écoliers qui représentent huit millions de capacités différentes, vous ne faites qu'imposer un système bon pour des médiocrités, imaginé par une moyenne de médiocrités ? Votre école devient une université de la paresse, comme votre prison est une université du crime. Rendez donc l'école libre, abolissez vos grades universitaires, faites appel aux volontaires de l'enseignement, – commencez par là, au lieu d'édicter contre la paresse des lois qui ne feront que l'enrégimenter.

Donnez à l'ouvrier qui ne peut s'astreindre à ne fabriquer qu'une minuscule partie d'un article quelconque, qui étouffe auprès d'une petite machine à tarauder qu'il finit par haïr, donnez-lui la possibilité de travailler la terre, d'abattre des arbres dans la forêt, de courir en mer contre la tempête, de sillonner l'espace sur sa locomotive. Mais n'en faites pas un paresseux en le forçant, toute sa vie, à surveiller une petite machine à poinçonner la tête d'une vis ou à percer le trou d'une aiguille !

Supprimez seulement les causes qui font les paresseux, et croyez qu'il ne restera guère d'individus haïssant réellement le travail, et surtout le travail volontaire, que nul besoin ne sera d'un arsenal de lois pour statuer sur leur compte.

La Conquête du pain

6. Les antagonismes sociaux

On avait déjà, dans Tite-Live et Salluste, l'idée que toute l'histoire de Rome se résumait à la lutte politique entre la plèbe et la noblesse. Même si la notion de classe sociale, et surtout de lutte des classes comme moteur de l'Histoire était en somme « à la mode » depuis le début du XIX*e siècle, la question était rendue confuse par l'émergence brutale des patriotismes et des consciences nationales depuis la Révolution française et les guerres napoléoniennes.*

Cependant, la constitution puis le gonflement numérique de la classe ouvrière firent apparaître au grand jour l'idée de cette division en classes opposées : bourgeoisie libérale contre prolétariat révolutionnaire. Cette lutte pouvait éclairer l'avenir. Karl Marx fit de cette grande idée le cœur de sa théorie.

Mais cette thèse, bien vérifiée par les développements ultérieurs du mouvement ouvrier international, eut du mal à s'imposer sur le moment, car l'observation sociologique imposait à l'époque une vision différente : jamais les penseurs libertaires n'accordèrent au prolétariat (alors simplement en formation, même au sens marxiste du terme) le statut d'unique classe libératrice. Pour eux les paysans pauvres étaient, tout autant que la classe ouvrière exploitée, porteurs de la société future, à cause non seulement de leur rôle dans la croissance économique (les anarchistes assimilent fermage et extorsion de la plus-value), mais aussi à cause de la tendance spontanée des paysans en lutte au regroupement coopératif et à l'entraide.

La division en classes, chez Proudhon, Bakounine et Kropotkine, se fait donc sur le clivage exploiteurs-grands propriétaires/exploités-démunis (salariés et petits propriétaires) plutôt que sur la distinction bourgeoisie/prolétariat. Cette idée (reprise plus tard par des hétérodoxes marxistes comme Mao Zédong, Che Guevara et Hô Chi Minh) pousse Bakounine à admettre les paysans pauvres dans les *classes ouvrières (notons le pluriel). Il propose même de tenir compte du niveau de culture comme élément discriminant. Proudhon, lui, met sur le même plan la lutte des ouvriers et celle des petits paysans, tout comme Kropotkine intègre les femmes en tant que couche exploitée dans la distinction riche de sens qu'il opère entre les salariés, avec toujours comme solution l'abolition du salariat et son remplacement par des « bons de travail ».*

PROUDHON : « La guerre est donc générale »

Cette idée de la prédominance de l'agriculture sur l'industrie est la même que celle qui fonda la suprématie de l'ancienne Rome et décida la victoire de ce peuple laboureur sur toutes les puissances industrielles et commerçantes de l'ancien monde ; qui plus tard soutint la féodalité elle-même : idée qu'adoptèrent au XVIIIe siècle les physiocrates, et qui n'est certes pas encore épuisée. De là une lutte sourde, qui déjà se laisse apercevoir dans certaines régions, et qu'un de mes amis de province me dénonçait naguère en ces termes : « Nous marchons à un antagonisme entre les villes et les campagnes... Les paysans sont devenus riches ; les trois quarts des gens de la ville assez besogneux ; les premiers, attirés par l'appât des bénéfices mercantiles et industriels envahissent peu à peu les villes et s'y rendent les maîtres pendant que les seconds restent écrasés entre cette nouvelle concurrence et la haute bourgeoisie dont le quartier général est à Paris... ».

Ainsi, une même pensée dirige la plèbe des campagnes et celles des villes. Dans les villes, la classe travailleuse tend à supplanter la classe bourgeoise par la hausse des salaires, l'association, les coalitions, les mutualités, sociétés coopératives, etc. ; dans les campagnes par la hausse de la main-d'œuvre et des gages domestiques, par la surenchère du sol, par la réduction des fermages, par la petite culture et la petite propriété. La guerre est donc générale : mais jusqu'à présent, faute d'une pensée mère, d'une organisation et d'une tactique, elle n'a pas produit de résultats décisifs. On se gêne, on s'entre-détruit, on s'extermine ; le paysan, voisin ou fermier, journalier ou domestique, fait de son mieux pour dégoûter le bourgeois propriétaire ; mais rien n'avance, classe ouvrière et classe bourgeoise, rentes et fermages, renaissent sans cesse l'une de l'autre.

De la Capacité politique des classes ouvrières

Bakounine : « L'abîme qui sépare ces deux classes »

Toutes ces différentes existences politiques et sociales se laissent aujourd'hui réduire à deux principales catégories, diamétralement opposées l'une à l'autre et ennemie naturelle l'une de l'autre : les classes politiques, composées de tous les privilégiés tant de la terre que du capital ou même seulement de l'éducation bourgeoise, et les classes ouvrières déshéritées aussi bien du capital que de la terre, et privées de toute éducation et de toute instruction.

Il faudrait être un sophiste ou un aveugle pour nier l'existence de l'abîme qui sépare l'existence de ces deux classes. Comme dans le monde antique, notre civilisation moderne, comprenant une minorité comparativement fort restreinte de citoyens privilégiés, a pour base le travail forcé (par la faim) de l'immense majorité des populations vouées fatalement à l'ignorance et à la brutalité.

C'est en vain aussi qu'on s'efforcerait de se persuader que cet abîme pourra être comblé par la simple diffusion des lumières dans les masses populaires. Il est très bien de fonder des écoles pour le peuple ; encore faut-il se demander si l'homme du peuple, vivant du jour au jour et nourrissant sa famille du travail de ses bras, privé lui-même d'instruction et de loisir, et forcé à se laisser assommer et abrutir par le travail pour assurer aux siens le pain du lendemain, – il faut se demander s'il a seulement la pensée, le désir et même la possibilité d'envoyer ses enfants à l'école et de les entretenir pendant tout le temps de leur instruction. N'aura-t-il pas besoin du concours de leurs faibles bras, de leur travail enfantin, pour subvenir à tous les besoins de sa famille ? Ce sera beaucoup s'il pousse le sacrifice jusqu'à les faire étudier, un an ou deux, leur laissant à peine le temps nécessaire pour apprendre à lire, à écrire, à compter et à se laisser empoisonner l'intelligence et le cœur par le catéchisme chrétien qu'on distribue sciemment et avec une si large profusion dans les écoles populaires officielles de tous les pays.

Fédéralisme Socialisme et Antithéologisme

KROPOTKINE : « La société bourgeoise actuelle reste certainement divisée en classes »

La société bourgeoise actuelle reste certainement divisée en classes et nous avons toute une classe de bourgeois dont les émoluments grandissent en proportion inverse du travail qu'ils font : plus ils sont payés, moins ils travaillent. D'autre part, dans la classe ouvrière elle-même, nous voyons quatre grandes divisions : les femmes, les travailleurs agricoles, les travailleurs qui font du travail simple et enfin ceux qui font un métier plus ou moins spécial. Ces divisions représentent quatre degrés d'exploitation qui ne sont que les résultats de l'organisation bourgeoise de la production.

Mais, dans une société d'égaux, où tous pourront apprendre un métier, et où l'exploitation du paysan par l'industriel et de la femme par l'homme cessera, ces divisions entre travailleurs devront disparaître. Aujourd'hui même, dans chacune de ces divisions les salaires tendent à s'égaliser. C'est ce qui a fait dire avec raison, qu'une journée de travail d'un terrassier vaut celle d'un joaillier et ce qui a fait penser Robert Owen aux bons de travail, payés à chacun de ceux qui ont donné tant d'heures de travail à la production des choses reconnues nécessaires. Dans la Commune de Paris de 1871 nous avons vu aussi le salaire des administrateurs de la Commune limitée à un taux uniforme de quinze francs par jour.

La Science moderne et l'Anarchie

7. Centralisation politique et dictature

D'une manière générale, les penseurs libertaires associent dans une même condamnation le pouvoir de l'argent et le pouvoir politique, le pouvoir religieux, celui de la connaissance, mais aussi le pouvoir militaire, tout comme celui de l'homme sur la femme ou du professeur sur ses élèves. Non parce qu'ils les confondent, mais bien plutôt parce qu'ils leur attribuent des causes et des effets identiques : concentration et centralisation de la capacité de décider et de diriger d'une part, inégalités sociales et effacement des libertés personnelles et collectives d'autre part.

C'est pourquoi ils entretiennent avec la Révolution française une relation complexe, faite de fascination et de répulsion ; les anarchistes sont du côté des Sans-culottes et des Sections, du pouvoir communal contre le Comité de Salut public. Ils voient dans le Club des Jacobins le symbole même de ce qu'un pouvoir révolutionnaire ne doit pas être : doctrinaire et centralisé. Car ce n'est pas la Terreur, ni la lutte contre le clergé ou les ennemis de la Révolution qu'ils reprochent à Robespierre, c'est en vérité la captation, le détournement puis l'écrasement des pouvoirs populaires locaux au profit d'un groupe de républicains centralistes.

Si le jugement des penseurs libertaires est si sévère, c'est parce qu'il est à la hauteur de leur déception :

l'élan populaire grandiose de la période révolutionnaire, ils aimeraient le voir renaître, mais ils mettent en garde à l'avance les progressistes, en souvenir de l'expérience française, sur les dangers à venir, les trois écueils à éviter : État fort, mouvement populaire encadré et vidé de son sens, effacement des libertés devant un État dont la croissance (consubstantielle à celle du Capitalisme selon Kropotkine) ne peut amener, comme l'analyse de Proudhon le montre, qu'à une « révolution illusoire ».

Proudhon : « De vastes brigandages, des tyrannies organisées »

Les adversaires du fédéralisme supposent bénévolement que la centralisation est douée de tous les avantages qu'ils refusent à la fédération ; que la première est douée d'autant d'énergie que la seconde est peu viable ; bref, qu'autant celle-ci est dépourvue de logique et de force, autant on est assuré d'en rencontrer dans celle-là, et que telle est la cause de l'énorme différence qui, jusqu'à ce moment, a signalé leur destinée. Je devrais donc, pour ne rien omettre et égaliser les positions, opposer à la critique du principe fédératif la critique du principe unitaire ; montrer que si les confédérations n'ont, depuis l'origine des sociétés, joué qu'un rôle en apparence secondaire ; si grâce à la divergence de leurs institutions, elles n'ont pas fait preuve d'une longue durée ; s'il semble même impossible qu'elles se posent dans la vérité de leur principe, les États à grande centralisation, en revanche, n'ont été le plus souvent que de vastes brigandages, des tyrannies organisées, dont le principal mérite a été, depuis trente siècles, de traîner, pour ainsi dire, sur la claie les cadavres des nations, comme si le but de la providence avait été de les châtier, par des siècles de torture, de leurs fantaisies fédérales.

De la Capacité politique des classes ouvrières

PROUDHON : « La République une et indivisible des Jacobins… a rendu la liberté impossible en France et la Révolution illusoire »

Je dirai franchement que la nation française, constituée depuis quatorze siècles en monarchie de droit divin, ne pouvait du soir au matin se transformer en république quelconque ; que la Gironde, accusée de fédéralisme, représentait mieux que les Jacobins la pensée de la Révolution, mais qu'elle fut insensée si elle crut à la possibilité d'une conversion subite ; que la prudence, nous dirions aujourd'hui la loi du progrès, commandait les tempéraments, et que le malheur des Girondins fut d'avoir compromis leur principe en l'opposant à la fois à la monarchie de Sieyès et de Mirabeau et à la démocratie des Sans-culottes, devenues en ce moment solidaires. Quant aux Jacobins, j'ajouterai avec la même franchise qu'en s'emparant du pouvoir et en l'exerçant avec la plénitude des attributions monarchiques, ils se montrèrent, pour la circonstance, plus avisés que les hommes d'État de la Gironde ; mais qu'en rétablissant, avec un surcroît d'absolutisme, le système de la royauté sous le nom de république une et indivisible, après avoir sacré cette république du sang du dernier roi, ils sacrifièrent le principe même de la Révolution et firent preuve d'un machiavélisme du plus sinistre augure. Une dictature temporaire pouvait s'admettre ; un dogme, qui devait avoir pour résultat de consacrer tous les envahissements du pouvoir et d'annuler la souveraineté nationale, était un véritable attentat. La « république une et indivisible » des Jacobins a fait plus que détruire le vieux fédéralisme provincial, évoqué peut-être mal à propos par la Gironde ; elle a rendu la liberté impossible en France et la Révolution illusoire.

Du Principe fédératif

BAKOUNINE : « Cette négation de toute liberté : la centralisation et l'omnipotence de l'État »

Nous ne pensons pas qu'il suffise de renverser la monarchie pour émanciper les peuples et leur donner la justice et la paix. Nous sommes fermement persuadés qu'une grande république militaire, bureaucratique et politiquement centralisée peut devenir et nécessairement deviendra une puissance conquérante au dehors, oppressive à l'intérieur, et qu'elle sera incapable d'assurer à ses sujets, lors même qu'ils s'appelleraient des citoyens, le bien-être et la liberté. N'avons-nous pas vu la grande nation française se constituer deux fois en république démocratique, deux fois perdre sa liberté et se laisser entraîner à des guerres de conquête ?

Attribuerons-nous, comme le font beaucoup d'autres, ces rechutes déplorables au tempérament léger et aux habitudes disciplinaires historiques du peuple français qui, prétendent ses détracteurs, est bien capable de conquérir la liberté par un élan spontané, orageux, mais non d'en jouir et de la pratiquer ?

Il nous est impossible, messieurs, de nous associer à cette condamnation d'un peuple entier, l'un des plus intelligents de l'Europe. Nous sommes donc convaincus que si à deux reprises différentes, la France a perdu sa liberté et a vu sa république démocratique se transformer en dictature et en démocratie militaire, la faute n'en est pas au caractère de son peuple, mais à sa centralisation politique qui, préparée de longue main par ses rois et ses hommes d'état, personnifiée plus tard dans celui que la rhétorique complaisante des Cours a appelé le Grand Roi ; puis, poussée dans l'abîme d'une monarchie décrépite, [la centralisation] aurait péri certainement dans la boue, si la Révolution ne l'avait relevée de ses mains puissantes. Oui, chose étrange, cette grande révolution qui, pour la première fois dans l'histoire avait proclamé la liberté non plus du citoyen seulement, mais de l'homme – se faisant l'héritière de la monarchie qu'elle tuait – avait ressuscité en même temps cette négation de toute liberté : la centralisation et l'omnipotence de l'État.

Fédéralisme, Socialisme et Antithéologisme

BAKOUNINE : « Cette Révolution qui avait fini par substituer l'action omnipotente de l'État à toute initiative individuelle »

La Révolution française ayant proclamé le droit et le devoir de tout individu humain de devenir un homme, a abouti par ses dernières conséquences au Babouvisme. Baboeuf, l'un des derniers citoyens énergiques et purs que la Révolution avait créés et puis tués en si grand nombre, et qui eut le bonheur d'avoir compté parmi ses amis des hommes comme Buonarotti, avait réuni, dans une conception singulière, les traditions politiques de la patrie antique avec les idées toutes modernes d'une révolution sociale. Voyant la Révolution dépérir, faute d'un changement radical et alors très probablement impossible dans l'organisation économique de la société, fidèle d'ailleurs à l'esprit de cette Révolution, qui avait fini par substituer l'action omnipotente de l'État à toute initiative individuelle, il avait conçu un système politique et social conformément auquel la république, expression de la volonté collective des citoyens, après avoir confisqué toutes les propriétés individuelles, les administrerait dans l'intérêt de tous, répartissant à portions égales à chacun : l'éducation, l'instruction, les moyens d'existence, les plaisirs, et forçant tous sans exception, selon la mesure de forces et de capacité de chacun, au travail tant musculaire que nerveux. La conspiration de Baboeuf échoua, il fut guillotiné avec plusieurs de ses amis. Mais son idéal d'une république socialiste ne mourut point avec lui. Recueillie par son ami Buonarotti, le plus grand conspirateur de ce siècle, cette idée fut transmise par lui comme un dépôt sacré aux générations nouvelles, et grâce aux sociétés secrètes qu'il fonda en Belgique et en France, les idées communistes germèrent dans l'imagination populaire.

Fédéralisme, Socialisme et Antithéologisme

KROPOTKINE : « Le Club des Jacobins fut le rempart de la bourgeoisie arrivée au pouvoir »

On commence déjà peu à peu à connaître la vérité sur la Révolution, et l'on commence à s'apercevoir que le Club des Jacobins fut le club non pas du peuple, mais de la bourgeoisie qui arrivait au pouvoir et à la fortune ; non pas de la Révolution, mais de ceux qui surent en profiter. À aucun des grands moments de la tourmente, il ne fut à l'avant-garde de la Révolution : il se bornait toujours à canaliser les vagues menaçantes, à les amortir en tuant les éléments audacieux qui dépassaient les vues de la bourgeoisie qu'il représentait.

Pépinière de fonctionnaires qu'il fournissait en nombre après chaque nouveau pas en avant fait par la Révolution (le 10 août, le 31 mai), le club des Jacobins fut le rempart de la bourgeoisie, arrivée au pouvoir, contre les tendances égalitaires du peuple. C'est pour cela même – pour avoir su empêcher le peuple de marcher dans la voie égalitaire et communiste – qu'il est tant glorifié par la plupart des historiens.

Il faut dire que ce club avait un idéal bien défini : c'était l'État omnipotent, qui ne tolérait dans son sein aucun pouvoir local, tel qu'une Commune souveraine, aucune puissance professionnelle, telle que les unions de métier, aucune volonté, sauf celle des Jacobins de la Convention, ce qui amena nécessairement, fatalement, à la dictature du Comité policier de la Sûreté générale, et nécessairement encore à la dictature consulaire, à l'Empire. C'est pourquoi les Jacobins brisèrent la force des communes et surtout de la Commune de Paris et de ses Sections (après avoir transformé celles-ci en simples bureaux de police, placés sous les ordres du Comité de sûreté). C'est pourquoi ils firent la guerre à l'Église, tout en maintenant un clergé et un culte ; c'est pourquoi ils n'admettaient pas l'ombre d'une indépendance provinciale, ni l'ombre d'une indépendance fonctionnelle, dans l'organisation des métiers, dans l'Instruction, dans les recherches scientifiques, dans l'Art.

« L'État, c'est moi ! » de Louis XIV n'était qu'un jouet d'enfant vis-à-vis de « L'État, c'est nous ! » des Jacobins.

La Science moderne et l'Anarchie

Kropotkine : « Le capital et l'État sont deux croissances parallèles »

Le Capital et l'État sont deux croissances parallèles qui seraient impossibles l'une sans l'autre, et qui, pour cette raison, doivent toujours être combattues ensemble, l'une et l'autre à la fois. Jamais l'État ne serait arrivé à se constituer et à acquérir la puissance qu'il possède aujourd'hui, ni même celle qu'il eut dans la Rome des empereurs, dans l'Égypte des Pharaons, en Assyrie, etc., s'il n'avait favorisé, comme il l'a fait, la croissance du Capital foncier et industriel et l'exploitation,– d'abord des tribus de peuples pasteurs, puis des paysans agriculteurs, et plus tard encore des travailleurs de l'industrie. C'est en protégeant, par son fouet et son glaive, ceux auxquels il donnait la possibilité de s'accaparer le sol et de se procurer (d'abord par le pillage, et plus tard par le travail forcé des vaincus) un certain outillage, soit pour la culture du sol, soit pour obtenir des produits industriels ; c'est en forçant ceux qui ne possédaient rien à travailler pour ceux qui possédaient (les terres, le fer, les esclaves), que se forma peu à peu cette formidable organisation qui a nom État. Et si le capitalisme n'eut jamais atteint sa forme actuelle sans le secours suivi, raisonné et continu de l'État, l'État de son côté n'eut jamais atteint cette formidable force, ce pouvoir d'absorption, cette possibilité de tenir en ses mains toute la vie de chaque citoyen, qu'il a aujourd'hui, s'il n'avait travaillé sciemment, avec patience et système, à constituer le Capital. Sans l'aide du Capital, le pouvoir royal n'aurait même jamais réussi à s'affranchir de l'Église, et sans l'aide du capitaliste il n'aurait jamais pu mettre la main sur toute l'existence de l'homme moderne, depuis ses premiers jours d'école jusqu'au tombeau.

La Science moderne et l'Anarchie

8. Centralisme économique et monopolisme

La pensée de Proudhon et celle de ses successeurs a été fortement influencée par le système de Babeuf. L'idée de ce premier penseur communiste, guillotiné en 1797 sous le Directoire, était que chaque être humain sur Terre avait droit à une « quote-part » égale des produits de la Nature et de l'activité humaine. Condamnant la propriété bien avant Proudhon, Babeuf légua aux révolutionnaires du XIXe siècle l'idée qu'une répartition égalitaire des terres et de ses produits à ceux qui la travaillent est la condition nécessaire de la réussite d'une révolution authentique.

Les penseurs libertaires n'ont jamais vraiment dépassé cette vision d'un communisme de répartition. Plus que la petite propriété, qu'ils pensent pouvoir fédérer dans un mouvement coopératif mutualisé, c'est donc la concentration agraire, industrielle et financière qu'ils combattent. La collectivisation, sans doute souhaitable en tant qu'objectif éloigné, leur semble pour l'instant porter dans ses flancs un futur État fort, dirigiste et organisateur, ce dont ils ne veulent à aucun prix.

On comprend alors pourquoi la dénonciation se concentre avant tout sur la propriété monopoliste :

accusée par Proudhon de fausser les prix et le marché au détriment des vrais producteurs de la richesse collective, le monopolisme est tout autant pour Bakounine l'ennemi de la société travailleuse, petite bourgeoisie comprise, ce qui ouvre selon lui des possibilités d'alliance politique contre le Grand Capital. Quant à Kropotkine, il dénonce l'action prédatrice des monopoles, y voyant la source de profits extraordinaires, d'une captation toujours plus importante de la plus-value produite par les salariés, qui reçoivent une part toujours plus faible du fruit de leur travail.

PROUDHON : « Le monopole a tout envahi »

Le monopole a tout envahi, la terre, le travail et les instruments de travail, les produits et la distribution des produits. L'économie politique elle-même n'a pu s'empêcher de le reconnaître : « Vous trouvez presque toujours sur votre route, dit M. Rossi, un monopole. Il n'est guère de produit qu'on puisse regarder comme le résultat pur et simple du travail : ainsi la loi économique qui proportionne le prix aux frais de production ne se réalise jamais complètement. C'est une formule qui est profondément modifiée par l'intervention de l'un ou de l'autre des monopoles auxquels se trouvent soumis les instruments de production. » (*Cours d'Économie politique, t. 1, p. 143).*

M. Rossi est placé trop haut pour donner à son langage toute la précision et l'exactitude que la science commande lorsqu'il est question de monopole. Ce qu'il appelle avec tant de bienveillance une modification des formules économiques, n'est qu'une longue et odieuse violation des lois fondamentales du travail et de l'échange. C'est par l'effet du monopole que dans la société, le produit net se comptant en sus du produit brut, le travailleur collectif doit racheter son propre produit pour un prix supérieur à celui que ce produit coûte ; ce qui est contradictoire et impossible ; que la balance naturelle de la production et de la consommation se trouve détruite ; que le travailleur est trompé tant sur le montant de son salaire que sur ses règlements ; que le progrès dans le bien-être se change pour lui en un progrès incessant dans la misère ; c'est par le monopole enfin que toutes les notions de justice commutative sont perverties, et que l'économie sociale, de science positive qu'elle est, devient une véritable utopie.

Ce travestissement de l'économie politique sous l'influence du monopole est un fait si remarquable dans l'histoire des idées sociales que nous ne pouvons nous dispenser d'en consigner ici quelques exemples.

Ainsi, au point de vue du monopole, la valeur n'est plus cette conception synthétique qui sert à exprimer le rapport d'un objet particulier d'utilité avec l'ensemble de la richesse ; le monopole estimant les choses, non pas relativement à la société, mais relativement à lui, la valeur perd son caractère social, et n'est plus qu'un rapport vague, arbitraire, égoïste, essentiellement mobile.

Philosophie de la misère

Bakounine : « La petite bourgeoisie commence aujourd'hui à souffrir »

Si nous laissons de côté cette portion active, remuante, intrigante, spéculative, de la bourgeoisie, il nous restera bien encore la majorité des bourgeois tranquilles, industrieux, faisant quelquefois le mal, plutôt par nécessité et pas par goût, et ne demandant pas mieux que de se voir délivrer de cette fatale nécessité, qui les met en hostilité permanente avec les populations ouvrières, et qui les ruine en même temps. Il faut bien le dire, la petite bourgeoisie, le petit commerce et la petite industrie commencent aujourd'hui à souffrir presque autant que les classes ouvrières et si les choses marchent du même pas, cette majorité bourgeoise respectable pourrait bien, par sa position économique, se confondre bientôt avec le prolétariat. Le grand commerce, la grande industrie et surtout la grande et malhonnête spéculation l'écrasent, la dévorent et la poussent dans l'abîme. La situation de la petite bourgeoisie devient donc de plus en plus révolutionnaire, et ses idées trop longtemps réactionnaires, s'éclaircissant aujourd'hui grâce à de terribles leçons, devront nécessairement prendre une direction opposée.

Fédéralisme, Socialisme et Antithéologisme

KROPOTKINE : « De nouveaux monopoles commencent à surgir sous la protection de la Loi »

Dès la première moitié du XIXe siècle, de nouveaux monopoles, devant lesquels les anciens n'étaient que des jouets d'enfants, commencèrent à surgir sous la protection de la Loi.

D'abord l'attention des brasseurs d'affaires se porta sur les chemins de fer et sur les grandes lignes de navigation océanique subventionnées par l'État. Des fortunes colossales furent faites en peu de décades en Angleterre et en France, avec l'aide des « concessions » reçues par des particuliers et par des compagnies pour la construction des lignes ferrées, généralement avec la garantie d'un certain revenu.

À cela vinrent s'ajouter les grandes sociétés métallurgiques et minières pour fournir aux chemins de fer les rails, les ponts de fer ou d'acier, le matériel roulant et le combustible, toutes parvenant à faire des bénéfices fabuleux et des spéculations immenses sur les terres acquises. Les grandes sociétés pour la construction des navires en fer et surtout pour la préparation du fer, de l'acier, du cuivre, pour le matériel de guerre, ainsi que de ce matériel même : cuirassés, canons, fusils, sabres, etc. ; les grandes entreprises des canaux (Suez, Panama, etc.) et enfin ce qu'on appela « le développement » des pays retardataires en industrie suivirent de près. Les millionnaires se fabriquaient alors à la vapeur, par des travailleurs à demi affamés que l'on fusillait sans pitié ou que l'on transportait aux travaux forcés, dès qu'ils faisaient la moindre tentative de révolte.

La Science moderne et l'Anarchie

Quatrième partie
Le programme libertaire

La Révolution, et après ?

Le programme libertaire est avant tout un programme révolutionnaire qui rompt, certes, avec les pratiques électorales réformistes, mais n'en constitue pas moins un véritable plan d'action pour la réalisation de la société future. Son point de départ consiste dans la conception générale qu'il se fait du processus révolutionnaire, compris comme bouleversement violent de tous les rapports humains, politiques, économiques, sociaux. C'est, en effet, la révolution qui constitue le cœur, le noyau, le foyer de toute la dynamique qui doit permettre de transformer le monde, de passer de l'idée au fait, du concept à la réalité, du négatif au positif, de la critique destructive à la construction positive. « Je détruirai et je construirai » fut toute sa vie la devise de Proudhon ; Bakounine aussi bien que Kropotkine reprendront à leur compte cette idée, refusant de se cantonner dans le cadre d'une simple critique verbale et stérile ou d'une réforme partielle et progressive de la société.. Chaque penseur a donc posé des jalons et donné des indications concrètes pour la construction du monde à venir, sans pour autant s'enfermer dans les limites étroites d'un projet dogmatique, indiscutable. Voilà pourquoi les penseurs anarchistes, après avoir expliqué les causes générales de la révolution (groupement de textes n°1), précisent quelles méthodes il faut employer pour la réaliser (groupement n°2), par la voie collective, populaire, insurrectionnelle, plutôt que sur le mode terroriste et individuel. De la révolution spontanée des masses et de son organisation par elles-mêmes doit donc émerger une nouvelle forme de société (groupement n°3), autogérée, fédérée, solidaire, antirépressive, qui opère l'union de ce qu'il y a de meilleur dans l'égalité et dans la liberté, dans le communisme et dans l'anarchisme. Au plan économique (groupement n°4) doit surgir la société mutualiste où la propriété, transformée en simple possession, et le crédit devenu gratuit pour tous les citoyens, les richesses produites seront enfin mises à la disposition des masses (Proudhon). La propriété y devient spontanément coopérative, puis collective (Bakounine) et la gestion de l'économie revient au peuple par l'intermédiaire de l'expropriation populaire, cette dernière devant aboutir à la disparition du salariat (Kropotkine). Au plan politique (groupement n°5), le peuple, refusant de déléguer sa puissance à des représentants qui concentreraient tous les pouvoirs entre leurs mains, doit, pour se prémunir, donner à son « État » une structure fédérale dont Proudhon décrit les grandes lignes et qui aboutira à faire de l'État un simple bureau des affaires (Bakounine), à constituer une véritable fédération de communes libres (Kropotkine). L'éducation (groupement n°6), source même de la stabilité et du progrès social, devra être transformée en vue de faire de chacun un homme complet et polyvalent, à la fois travailleur intellectuel et manuel, pour mettre aussi un terme aux préjugés inégalitaires entre individus et à la division de la société en classes. Enfin c'est sur l'idée égalitaire, sur une nouvelle théorie de la justice (Proudhon), sur la fraternité entre camarades (Bakounine) et l'entraide comme facteur de l'évolution et de survie de l'espèce (Kropotkine) que doit se constituer la nouvelle morale sociale, individuelle et collective (groupement n°7). On le voit, la série qui conduit de la révolution au nouvel ordre économique, politique, pédagogique et moral est parfaitement cohérente, l'idée mutualiste de la récipro-

cité y est appliquée à tous les domaines de la réalité. Pourtant cette déduction rationnelle et pratique ne repose pas sur une conception fermée de la science, au contraire elle impose un regard toujours critique par rapport à cette dernière (groupement n°8).

1. Les raisons de se révolter

Qu'est ce qu'une révolution et qu'elles en sont les causes ? À cette question Marx répond en expliquant que la révolution est le produit de la lutte des classes, de la confrontation entre les nouvelles forces productives et les anciens rapports de production, enfin qu'elle porte dans ses flancs un nouveau mode de production. Or cette définition parfaitement juste au plan économique et social ne nous dit rien sur les motivations subjectives de la révolution. Pourquoi fait-on une révolution ? Comment se sent-on quand on la fait ? C'est à cette dernière question que les révolutionnaires anarchistes tentent de répondre. Proudhon d'abord montre que la révolution est le produit d'une souffrance populaire insupportable ; elle est violente car les besoins du peuple, injustement contenu dans l'état de misère, sont violents. Pour lui, c'est la faim, le froid, qui, entrant en contradiction avec les intérêts des possédants, conduisent à la violence révolutionnaire. Bakounine insiste quant à lui sur le besoin psychologique de se régénérer, de se sentir vivre et exister dans l'action comme cause de la révolution. Dans sa lettre à George Sand, il expose une vision romantique de la révolution comme rajeunissement, qui sera partagée par des générations de révolutionnaires enthousiastes au XIXe comme au XXe siècle. Kropotkine lui aussi insiste sur la révolution comme moment exceptionnel, singulier, de bouillonnement des idées, de modification des consciences, de rejet des vieilles coutumes. Tous trois ont en commun de concevoir la révolution comme un fait naturel, à la fois nécessaire, étant donné l'ordre inégalitaire du monde, mais aussi rare et exceptionnel.

Proudhon : « La révolution a son principe dans la violence des besoins »

Toute révolution se pose d'abord comme plainte du peuple, accusation contre un état de choses vicieux, dont les plus pauvres sentent les premiers la douleur. Il n'est pas dans la nature des masses de se révolter, si ce n'est contre ce qui leur fait peine, au physique ou au moral. Y a t-il là matière à répression, vengeance, persécution ? Quelle folie ! Un gouvernement qui fait consister sa politique à éluder le vœu des masses et à refouler leur plainte se dénonce lui-même : c'est le malfaiteur qui combat ses remords par de nouveaux forfaits. À chaque attentat, la conscience gronde, plus terrible, jusqu'à ce qu'enfin la raison du coupable se trouble et le livre au bourreau.

Pour conjurer les périls d'une révolution, il n'est qu'un moyen, je l'ai déjà dit : c'est d'y faire droit. Le peuple souffre, est mécontent de son sort : c'est une malade qui gémit, un enfant au berceau qui crie. Allez au devant de lui, écoutez ses griefs, étudiez en la cause, les conséquences ; faites s'il y a lieu, la part de l'exagération ; puis occupez-vous immédiatement, sans relâche, de soulager le patient. La révolution, alors, s'accomplira sans fracas, comme le développement naturel et heureux de l'ancien ordre des choses. Personne ne le verra, ne s'en doutera. Le peuple reconnaissant vous nommera son bienfaiteur, son représentant, son chef. C'est ainsi que Louis XVI fut salué, en 1789, par l'Assemblée nationale et par le peuple, *Restaurateur des libertés publiques*. À cette heure de gloire Louis XVI, plus puissant que son aïeul Louis XIV, pouvait consolider pour des siècles sa dynastie : la révolution se présentait à lui comme un instrument de règne. L'insensé ne sut y voir qu'un empiètement sur ses droits ! Il porta jusqu'à l'échafaud cet inconcevable aveuglement.

Hélas ! Il faut croire qu'une révolution pacifique est chose trop idéale pour que notre belliqueuse humanité s'en accommode. Rarement on voit les événements suivre le cours le plus naturel, le moins dommageable : aussi bien, les prétextes ne manquent pas. Comme la révolution a son principe dans la violence des besoins, la réaction trouve le sien dans l'autorité de la coutume. Toujours le *statu quo* veut prescrire contre la misère : c'est ce qui fait que la réaction au début obtient la même majorité que la révolution à la fin. Dans cette marche en sens opposé, où ce qui fait le profit de l'une tourne sans cesse au détriment de l'autre, combien il est à craindre qu'il ne se livre de rudes combats !...

Deux causes donc s'opposent à l'accomplissement régulier des révolutions : les intérêts établis et l'orgueil du gouvernement.

Idée générale de la Révolution au XIXe siècle

BAKOUNINE : « La révolution doit donc commencer par détruire »

La révolution est dans l'air, elle est dans les choses, mais les hommes hésitent encore à se donner à elle corps et âme. C'est là ce qui fait la misère et en même temps la grandeur de notre époque. Jamais l'histoire ne posa de question plus immense que celle que nous avons à résoudre : émancipation complète, réelle, tant à l'intérieur comme à l'extérieur, de tous les individus comme de toutes les nations ; élévation de tous les individus au rang d'homme non seulement de droit mais de fait, et sans en excepter les plus infirmes, les plus pauvres d'esprit et de corps, réalisation enfin de la liberté la plus absolue, la plus entière pour tous ; non de cette liberté de Jean-Jacques Rousseau qui trouve sa limite et sa négation dans la liberté d'autrui et qui a pour conséquence nécessaire un contrat, mais de celle qui trouve au contraire sa sanction dans la liberté d'un autre, et qui fait que l'esclavage d'un seul homme est l'esclavage de tous. Le monde nouveau est l'antipode du monde qui existe ; il ne l'est pas seulement en politique, il l'est socialement et religieusement à la fois ; la politique a toujours été la conséquence de l'idée religieuse et sociale. La révolution doit donc commencer par détruire ; la révolution n'est pas seulement nécessaire pour changer les idées et quelques institutions. Elle a encore une autre mission à remplir ; elle doit pour ainsi dire nous renouveler psychologiquement et physiologiquement ; elle doit verser du sang jeune, du sang chaud dans nos veines, elle doit nous secouer, nous dégourdir, nous donner une peu de courage, car les hommes sont singulièrement petits et misérables aujourd'hui. On ne croit plus aux grandes choses (aux grands dévouements, aux grands changements, aux grandes entreprises, aux miracles de l'histoire en un mot), que dans le passé ou dans l'avenir ; on n'a pas la force d'y croire dans le présent. C'est un signe qu'on se méprise soi-même, et si l'on se méprise c'est qu'on est méprisable, et puisque l'on est méprisable il faut se renouveler, et notre misère est si grande que pour nous renouveler il faut un grand, un terrible bouleversement. Un orage seul pourra changer et purifier cette atmosphère pesante qui nous étouffe et qui nous empêche de voir, de comprendre, de vivre et d'agir. Voilà ce que notre révolution veut faire et voilà ce que les hommes ne veulent pas, voilà ce qu'ils craignent de comprendre.

Lettre à George Sand (10 décembre 1848)

Kropotkine : « La révolution devient une impérieuse nécessité »

Dans la vie des sociétés, il est des époques où la révolution devient une impérieuse nécessité, où elle s'impose. Des idées nouvelles germent de partout, elles cherchent à se faire jour, à trouver une application dans la vie, mais elles se heurtent continuellement à la force d'inertie de ceux qui ont intérêt à maintenir l'ancien régime, elles étouffent dans l'atmosphère suffocante des anciens préjugés et des traditions. Les idées reçues sur la constitution des États, sur les lois de l'équilibre social, sur les relations politiques et économiques des citoyens entre eux, ne tiennent plus devant la critique sévère qui les sape chaque jour, à chaque occasion, dans le salon comme au cabaret, dans les ouvrages du philosophe comme dans la conversation quotidienne. Les institutions politiques, économiques et sociales, tombent en ruines ; édifice devenu inhabitable, il gêne, il empêche le développement des germes qui se produisent dans ses murs lézardés et naissent autour de lui.

Un besoin de vie nouvelle se fait sentir. Le code de moralité établie, celui qui gouverne la plupart des hommes dans leur vie quotidienne, ne paraît plus suffisant. On s'aperçoit que telle chose, considérée auparavant comme équitable, n'est qu'une criante injustice ; la moralité d'hier est reconnue aujourd'hui comme étant d'une immoralité révoltante. Le conflit entre les idées nouvelles et les vieilles traditions éclate dans toutes les classes de la société, dans tous les milieux, jusque dans le sein de la famille. Le fils entre en lutte avec son père : il trouve révoltant ce que son père trouvait naturel durant toute sa vie ; la fille se rebelle contre les principes que sa mère lui transmettait comme le fruit d'une longue expérience. La conscience populaire s'insurge chaque jour contre les scandales qui se produisent au sein de la classe des privilégiés et des oisifs, contre les crimes qui se commettent au nom du droit du plus fort ou pour maintenir ses privilèges. Ceux qui veulent le triomphe de la justice, ceux qui veulent mettre en pratique les idées nouvelles, sont bientôt forcés de reconnaître que la réalisation de leurs idées généreuses, humanitaires, régénératrices, ne peut avoir lieu dans la société telle qu'elle est constituée : ils comprennent la nécessité d'une tourmente révolutionnaire qui balaye toute cette moisissure, vivifie de son souffle les cœurs engourdis et apporte à l'humanité le dévouement, l'abnégation, l'héroïsme, sans lesquels une société s'avilit, se dégrade, se décompose.

Paroles d'un révolté

2. Terrorisme ou insurrection populaire ?

Quelle méthode pour la révolution ? Tyrannicide ou insurrection collective ? Attentats ou révolution populaire ? Action isolée ou mouvement de masse ? Pour les penseurs libertaires le choix est clair, ce sera la révolution populaire, sociale, collective, spontanée. Ainsi tous les ouvrages de Proudhon sont-ils parsemés d'appels au sursaut, à la révolte, au réveil populaire. Et s'il fait usage, pour propager ses idées, de différents moyens, paroles, écrits, actions, c'est pour toucher le peuple, non pour s'en séparer. De même, c'est sur cette question que Bakounine rompt avec Netchaïev et son Catéchisme du révolutionnaire *qui prônait une action révolutionnaire coupée des masses : il lui oppose sa théorie de l'organisation de la révolution spontanée, sociale, populaire. Kropotkine, lui aussi, privilégie l'action collective révolutionnaire comme insurrection et expropriation. Les penseurs libertaires ne se défient donc pas de l'opinion publique, ils cherchent le lien avec les masses. Pourtant il faut reconnaître que, si nos trois auteurs considèrent l'attentat isolé, le tyrannicide, comme inutile, erroné, voire nuisible, ils ont cependant à son égard une tolérance morale certaine qui va de l'excuse à la justification au plan moral en passant par la sympathie et l'estime. Proudhon par exemple élabore une théorie de l'évaluation du tyrannicide au cas par cas. Loin d'être une casuistique, au mauvais sens du terme, sa théorie se veut au contraire une évaluation empirique de chaque cas en fonction des motifs, de la cible, des conséquences… Bakounine déclare également avoir de l'estime pour certains actes courageux de tyrannicide comme ce fut le cas pour Karakosoff qui avait tenté de tuer le tsar : il s'en explique dans une lettre où il critique sévèrement son ami Herzen pour s'être rangé du côté de la Russie tsariste dans la condamnation de la tentative d'assassinat de Nicolas Ier. Kropotkine connut quant à lui personnellement la fille du gouverneur de Saint-Pétersbourg, Sophie Pérovskaïa, qui participa à l'assassinat du Tsar Alexandre II. Il justifie au plan moral l'acte de cette dernière et élabore l'idée d'un véritable droit de tuer sous certaines conditions. Attitude critique au plan politique à l'égard du tyrannicide, mais tolérance, et même justification au plan moral, telle fut la pensée des trois grands fondateurs de l'anarchisme par rapport à l'acte terroriste perpétré contre le tyran haï du peuple et des révolutionnaires persécutés.*

PROUDHON : « Sur cette question il était impossible de formuler une règle générale »

Lorsque, dans la première édition de cet ouvrage, après avoir posé, à la fin de la *4e Étude*, la question du tyrannicide, j'ai fait cette réponse : *Question insoluble par la logique, et sur laquelle toute philosophie doit déclarer son incompétence*, je n'ai pas naturellement entendu qu'il fut défendu à la philosophie morale de s'en occuper, puisque, comme on le voit, je m'en occupe moi-même et fort amplement ; j'ai voulu dire que sur cette question il était impossible de formuler une règle générale, soit affirmative, soit négative, et que tout ce que la théorie des mœurs pouvait faire ici, c'était de constater la nécessité pour chaque cas, de rendre un jugement spécial, motivé d'après les circonstances. En effet, l'idée de *tyrannicide* implique deux choses : le meurtre du chef d'État, ce qui est le parricide à la seconde puissance, et la culpabilité de ce même chef, laquelle vient en atténuation du crime et peut aller jusqu'à l'excusabilité. C'est ce qui résulte de tous les faits connus de tyrannie et de tyrannicide. Sur tout cela je crois la discussion désormais épuisée, et je demande la permission de n'y plus revenir.

La Justice aime les formules positives, générales, précises, comme celles-ci : *Tu feras à ton prochain comme à toi-même ; Tu ne voleras pas ; Tu ne le frapperas pas ; Tu ne seras point impudique ni adultère ; Tu ne feras pas en justice acception de personnes ; Tu ne mentiras pas ni ne rendras faux témoignage.* Aussi les juristes se sont-ils efforcés, dans tous les temps, à propos du tyrannicide, d'imiter cette forme catégorique : selon leurs préjugés ou leurs dispositions, ils ont affirmé d'une manière absolue, les uns que le meurtre du prince est toujours un crime, les autres que dans le cas de tyrannie le meurtre est permis. Mais je crois avoir démontré qu'il y a des deux côtés une égale illusion et c'est ce qui fait la nouveauté de ma thèse, je dirais même sa hardiesse.

De la Justice dans la Révolution et dans l'Église

PROUDHON : « Je pousse à la révolution par tous les moyens qui sont en mon pouvoir »

Toujours des promesses ! toujours des serments ! comment le peuple se fierait-il à des tribuns, quand les rois se parjurent ? La vérité et la bonne foi ne sont plus, hélas ! comme au temps du roi Jean, dans la bouche des princes : nous avons vu tout un sénat convaincu de félonie, et l'intérêt des gouvernants se trouvant toujours, on ne sait comment, en opposition avec les intérêts des gouvernés, les parlements se suivre et la nation mourir de faim. Non, plus de protecteurs, plus d'empereurs, plus de consuls : mieux vaut gérer nos affaires par nous-mêmes que par nos procureurs, associer nos industries que mendier des monopoles, et, puisque la république ne peut se passer de vertus, travailler à notre réforme.

Telle est aussi ma ligne de conduite : je prêche l'émancipation aux prolétaires, l'association aux travailleurs, l'égalité aux riches ; je pousse à la révolution par tous les moyens qui sont en mon pouvoir, la parole, l'écriture, la presse, les actions et les exemples. Ma vie est un apostolat perpétuel.

Oui, je suis réformateur, je le dis comme je le pense, de bonne foi, et pour que cette vanité ne me soit plus reprochée : je veux convertir le monde.

Lettre à M. Blanqui sur la propriété : deuxième mémoire sur la propriété (1841)

Bakounine : « Malgré toutes les erreurs de sa théorie, nous ne pouvons lui refuser notre estime »

Oui, pour tous les biens du monde je n'aurais voulu jeter une pierre sur Karakossov, et, en usant de la voie de la presse, au moment même où de tous côtés des injures lui sont lancées par la Russie bureaucratique et officielle, par cette Russie seigneuriale et littéraire, par tout ce monde de laquais de la Russie avilie, qui en le maudissant et l'injuriant, espèrent se distinguer aux yeux du tsar et des autorités. De Moscou à Petersbourg, nos chauves amis s'écrient avec enthousiasme : « Michel Nicolaevitch saura trouver le moyen de lui arracher des aveux ! » Et déjà cet infortuné subit avec un courage admirable les supplices et toutes les tortures qui sont dues à l'esprit inventif de Mouravieff. Dans tous les cas, nous autres, nous n'avons pas le droit de le juger d'ici, n'ayant aucun renseignement sur lui, ni sur le motif qui le poussa à cet acte de violence. Pas plus que toi, je ne vois d'utilité pour la Russie dans le régicide ; je conviens volontiers qu'il est même nuisible par le fait que, provisoirement, il excite une réaction en faveur du tsar. Mais, je ne suis nullement étonné de ce que tout le monde, en Russie, ne soit pas du même avis et que, grâce à la pression gouvernementale devenue, au dire de tous, tout à fait insupportable ces derniers temps, il se trouvât un homme décidé dont l'esprit, peut-être, est moins développé que le nôtre au point de vue philosophique, mais qui est doué d'une énergie que nous ne possédons pas ; que cet homme ait jugé possible de trancher le nœud gordien d'un seul coup. Et je lui porte beaucoup d'estime parce qu'il a pensé ainsi et parce qu'il a agi comme il avait pensé. Malgré toutes les erreurs de sa théorie, nous ne pouvons lui refuser notre estime et nous avons le devoir de le reconnaître hautement l'un des nôtres, devant cette foule avilie de valets rampant aux pieds de leur maître.

Lettre de Bakounine à Herzen et à Ogareff, (19 juillet 1866)

Bakounine : « La révolution spontanée, c'est-à-dire populaire et sociale »

Avant tout mon système diffère du vôtre en ceci qu'il n'admet ni l'utilité ni même la possibilité d'une révolution autre que la révolution spontanée, c'est-à-dire populaire et sociale. Toute autre révolution, j'en ai la profonde conviction, serait déloyale, nuisible et funeste à la liberté du peuple, car elle réserverait à ce dernier une misère nouvelle et un nouvel esclavage ; de plus, et c'est là l'essentiel, toute autre révolution est désormais impossible, hors d'atteinte et irréalisable. La centralisation et la civilisation, les chemins de fer, le télégraphe, les armements récents, la nouvelle organisation de l'armée et en général la science administrative, c'est-à-dire la science de l'asservissement et de l'exploitation systématique des masses, de l'écrasement des soulèvements populaires et de toute révolte quelle qu'elle soit, science si soigneusement mise au point, vérifiée par l'expérience et perfectionnée au cours des soixante-quinze dernières années d'histoire contemporaine – tout cela donne aujourd'hui à l'État une force si grande que toutes les tentatives artificielles, les conjurations secrètes ourdies en dehors du peuple, de même que les attaques par surprise et les coups de main à l'improviste viendraient se briser contre cette force qui ne pourra être vaincue et détruite que par la révolution spontanée, populaire et sociale.

Dès lors le seul but de la Société secrète doit être non pas de constituer une force artificielle et en dehors du peuple, mais d'éveiller, de grouper et d'organiser les forces populaires déchaînées ; dans ces conditions, l'armée de la révolution, la seule qui soit possible et réelle, ne se situera pas en dehors du peuple, elle sera le peuple même. On n'éveillera pas ce dernier même par des moyens artificiels ; les révolutions populaires sont engendrées par la force même des choses ou par ce courant historique qui, invisible et souterrain, incessant et toujours très lent, s'infiltre dans les couches populaires, les gagne de plus en plus, les imprègne et les mine jusqu'à ce qu'il surgisse à fleur de terre et, par ses flots impétueux, brisant les obstacles, détruise tout ce qu'il rencontre sur son passage.

On ne fait pas artificiellement une révolution ; on ne peut même pas la hâter considérablement, bien que je ne doute point qu'une organisation convenablement et intelligemment dirigée puisse en faciliter le déclenchement. Il y a des périodes dans l'histoire où les révolutions sont tout bonnement impossibles ; il en est d'autres où celles-ci sont inéluctables.

Lettre de Bakounine à Netchaïev
(2 juin 1870, Locarno)

Kropotkine : « S'il tue la vipère ou le tyran »

L'homme de cœur préfère mourir que de devenir la cause de maux pour les autres. Et c'est pourquoi il aura conscience de bien faire, et l'approbation de ceux qu'il estime le suivra s'il tue la vipère ou le tyran.

Pérovskaya et ses amis ont tué le tsar russe. Et l'humanité entière, malgré sa répugnance du sang versé, malgré ses sympathies pour un tsar qui avait laissé libérer les serfs, leur a reconnu ce droit – Pourquoi ? Non pas qu'elle ait reconnu l'acte utile : les trois quarts en doutent encore ; mais parce qu'elle a senti que pour tout l'or du monde, Perovskaya et ses amis n'auraient pas consenti à devenir tyrans à leur tour. Ceux même qui ignorent le drame en entier sont assurés néanmoins que ce n'était pas là une bravade de jeunes gens, un crime de palais, ni la recherche du pouvoir ; c'était la haine de la tyrannie jusqu'au mépris de soi-même, jusqu'à la mort.

« Ceux-là – s'est-on dit – avaient conquis le droit de tuer », comme on s'est dit de Louise Michel : « *Elle* avait le droit de piller », ou encore : « Eux, ils avaient le droit de voler », en parlant de ces terroristes qui vivaient de pain sec et qui volaient un million ou deux au trésor de Kichinev en prenant, au risque de périr eux-mêmes, toutes les précautions possibles pour dégager la responsabilité de la sentinelle qui gardait la caisse, baïonnette au canon.

Ce droit d'user de la force, l'humanité ne le refuse jamais à ceux qui l'ont conquis – que ce droit soit usé sur les barricades ou dans l'ombre d'un carrefour. Mais, pour que tel acte produise une impression profonde sur les esprits, il faut *conquérir ce droit*. Sans cela, l'acte – utile ou non – resterait un simple fait brutal sans importance pour le progrès des idées. On n'y verrait qu'un déplacement de force, une simple substitution d'exploiteur à un autre exploiteur.

La Morale anarchiste

Kropotkine : « L'expropriation – voilà le mot d'ordre qui s'impose à la prochaine révolution »

D'ailleurs, nous n'avons plus à chercher à tâtons la solution. Elle nous a été imposée par l'histoire, en même temps que le problème ; elle a été dite, elle se dit hautement dans tous les pays de l'Europe, et elle résume le développement économique de notre siècle. C'est l'Expropriation ; c'est l'Anarchie.

Si la richesse sociale reste entre les mains de quelques uns qui la possèdent aujourd'hui ; si l'usine, le chantier et la manufacture restent la propriété du patron ; si les chemins de fer, les moyens de transports continuent à être entre les mains des compagnies et des individus qui les ont accaparés ; si les maisons des villes ainsi que les villas des seigneurs restent en possession de leurs propriétaires actuels, au lieu d'être mises, dès la révolution, à la disposition gratuite de tous les travailleurs ; si tous les trésors accumulés, soit dans les banques, soit dans les maisons des richards, ne reviennent pas immédiatement à la collectivité, puisque *tous* ont contribué à la produire, si le peuple insurgé ne prend pas possession de toutes les denrées et provisions amassées dans les grandes villes et ne s'organise pas pour les mettre à la portée de tous ceux qui en ont besoin ; si la terre, enfin, reste propriété des banquiers et usuriers – auxquels elle appartient aujourd'hui, de fait, sinon de droit – et si les grands immeubles ne sont pas enlevés aux grands propriétaires, pour être mis à la portée de tous ceux qui veulent travailler le sol ; s'il se constitue en outre une classe de gouvernants qui ordonnent aux gouvernés, l'insurrection ne sera pas une révolution, et tout sera à recommencer. L'ouvrier, après avoir secoué le joug pour un moment, devra remettre de nouveau sa tête sous le même joug et de nouveau subir le fouet et l'aiguillon de son patron, l'arrogance de ses chefs, le vice et les crimes des oisifs, sans parler de la terreur blanche, des déportations, des exécutions, de la danse effrénée des égorgeurs sur les cadavres des travailleurs.

L'expropriation, voilà donc le mot d'ordre qui s'impose à la prochaine révolution, sous peine de manquer à sa mission historique. L'expropriation complète de tous ceux qui ont le moyen d'exploiter des êtres humains, le retour à la communauté de la nation de tout ce qui peut servir entre les mains de n'importe qui à exploiter les autres. Faire en sorte que chacun puisse vivre en travaillant librement, sans être forcé de vendre son travail et sa liberté à d'autres qui accumulent les richesses par le labeur de leurs serfs – voilà ce que doit faire la prochaine révolution.

Paroles d'un révolté

3. Le communisme libertaire ou « anarcho-communisme »

L'origine du mot « anarchie » se perd dans la nuit de la langue des Grecs anciens : on la trouve déjà chez Eschyle, Sophocle et Euripide, dans le sens moderne d'« état d'une société sans chef ». Il n'est pas indifférent peut-être que tous trois soient des auteurs tragiques, le mot ayant le plus souvent été pris en mauvaise part…

Il revient à Proudhon d'avoir dès 1839 fait entrer le mot « anarchisme » dans le vocabulaire politique mondial, car avec sa force, sa rigueur, son enthousiasme, il est parvenu à construire un concept corrigé *de l'anarchie, une utopie positive, un objectif concret. C'est ainsi que faisant de l'anarchie la « condition d'existence des sociétés adultes », il met en avant « l'autonomie des masses ». Il parvient aussi à développer le paradoxe de l'anarchie créatrice d'ordre et d'équilibre : ainsi, au chaos économique et à l'oppression politique du capitalisme, il oppose « l'organisation industrielle », un « ordre sans fonctionnaires ». À propos de cette société apaisée il pressent dès 1845 qu'elle n'est « pas moins communiste » que celle des communistes allemands !*

Ce « gouvernement de chacun par soi-même » de Proudhon, Bakounine le fait sien, refusant à tout État de s'emparer de la puissance politique, réduisant la puissance publique à une instance de régulation, de compensation, de répartition, « un simple bureau d'affaires ». Pour lui le socialisme et l'anarchisme ne peuvent faire qu'un. En tant que socialiste révolutionnaire, il se félicite des progrès universels du « travail souterrain » dont il espère des conséquences rapides.

Kropotkine reste sur des bases comparables : l'abolition de la puissance politique de l'État est son objectif. Selon lui le mouvement historique tend à le « réduire à zéro ». Mais l'inventeur des expressions « anarcho-communisme » et « communisme anarchiste » va plus loin encore que ses prédécesseurs dans la réunification des deux tendances du socialisme révolutionnaire, en posant qu'un communisme libertaire organisé d'une part sur la base de l'appropriation collective (donc du collectivisme) et en même temps sur l'abolition de l'État coercitif formerait le type de société où les libertés de chacun pourraient le mieux s'épanouir.

Proudhon : « L'anarchie est la condition d'existence des sociétés adultes, comme la hiérarchie est la condition des sociétés primitives »

L'État doit-il exister encore lorsque la question du travail et du capital sera opérée ? En d'autres termes, aurons-nous toujours, comme nous l'avons eue jusqu'à présent, une Constitution politique en dehors de la constitution sociale ?

Nous répondons par la négative. Nous soutenons que, le capital et le travail une fois identifiés, la société subsiste par elle-même et n'a plus besoin de gouvernement. Nous sommes, en conséquence, et nous l'avons proclamé plus d'une fois, des anarchistes. L'anarchie est la condition d'existence des sociétés adultes, comme la hiérarchie est la condition des sociétés primitives.

Louis Blanc et Pierre Leroux affirment le contraire : outre leur qualité de socialistes, ils retiennent celle de politiques ; ce sont des hommes de gouvernement et d'autorité, des hommes d'État.

Nous nions le gouvernement et l'État parce que nous affirmons, ce à quoi les fondateurs d'États n'ont jamais cru, la personnalité et l'autonomie des masses.

« La Voix du Peuple »(décembre 1849)

PROUDHON : « Ce que nous mettons à la place des forces politiques, ce sont les forces économiques »

Mais vivre sans gouvernement ; abolir sans réserve, d'une manière absolue, toute autorité ; faire de l'anarchie pure : cela leur semble inconcevable, ridicule ; c'est un complot contre la République et la nationalité. Eh ! que mettent-ils à la place du gouvernement, ceux qui parlent de le supprimer ?

Nous ne sommes pas embarrassés pour répondre.

Ce que nous mettons à la place du gouvernement, nous l'avons fait voir : c'est l'organisation industrielle.

Ce que nous mettons à la place des lois, ce sont les contrats. Point de lois votées ni à la majorité ni à l'unanimité ; chaque citoyen, chaque commune ou corporation fait la sienne.

Ce que nous mettons à la place des pouvoirs politiques, ce sont les forces économiques.

Ce que nous mettons à la place des anciennes classes de citoyens, noblesse et roture, bourgeoisie et prolétariat, ce sont les catégories et les spécialités de fonctions, Agriculture, Industrie, Commerce, etc.

Ce que nous mettons à la place de la force publique, c'est la force collective.

Ce que nous mettons à la place des armées permanentes, ce sont les compagnies industrielles.

Ce que nous mettons à la place de la police, c'est l'identité des intérêts.

Ce que nous mettons à la place de la centralisation politique, c'est la centralisation économique.

L'apercevez-vous maintenant, cet ordre sans fonctionnaires, cette unité profonde et tout intellectuelle ? Ah ! vous n'avez jamais su ce que c'est que l'unité, vous qui ne pouvez la concevoir qu'avec un attelage de législateurs, de préfets, de procureurs généraux, de douaniers, de gendarmes ! Ce que vous appelez unité et centralisation n'est autre chose que le chaos éternel, servant de base à un arbitraire sans fin ; c'est l'anarchie des forces sociales prise pour argument du despotisme, qui sans cette anarchie n'existerait pas.

Idée générale de la Révolution

PROUDHON : « Dans une communauté bien organisée »

Dans une communauté bien organisée, on devra connaître avec exactitude et pour toute espèce de produit, les besoins de la consommation et les limites de la production. Chaque corporation industrielle devra donc fournir un contingent proportionné à son personnel et à ses moyens, et déduction faite des sinistres et avaries ; réciproquement, chaque manufacture, et corps d'État recevra des autres foyers de production, ses fournitures de tout genre calculées au prorata de ses besoins. Telle est la condition *sine qua non* du travail et de l'équilibre.

Philosophie de la misère

PROUDHON : « Sans qu'ils le sachent ils ne sont pas plus communistes que moi »

Communauté, – Je n'écris pas ce chapitre pour les communistes, pas plus ceux de France, que ceux d'Allemagne. Les communistes n'ont point encore de système arrêté ; les communistes sont pour tout système qui organisera le mieux la production, la répartition, assurant la liberté, la justice et le bien-être. Les communistes sont avec moi, bien que je ne sois pas communiste, et je suis avec eux, parce que, sans qu'ils le sachent, ils ne sont pas plus communistes que moi.

J'écris donc pour ceux qui ont besoin de se rendre compte théoriquement de tout principe. J'écris enfin pour les socialistes chercheurs et libres d'esprit. Je vais chercher si la communauté, qui dans l'esprit de quelques-uns comprend tout, embrasse tout, supplée à tout, etc., n'est pas simplement comme la propriété, le crédit, la concurrence, la division du travail, l'un des ressorts de la machine sociale.

Carnets, (2 août 1845)

PROUDHON : « L'anarchie, ou gouvernement de chacun pour soi-même »

Comme variété du régime libéral, j'ai signalé l'ANARCHIE ou gouvernement pour soi-même, en anglais, *self-government.* L'expression de gouvernement anarchique impliquant une sorte de contradiction, la chose semble impossible et l'idée absurde. Il n'y a pourtant à reprendre ici que la langue : la notion d'*anarchie*, en politique, est tout aussi rationnelle et positive qu'aucune autre. Elle consiste en ce que, les fonctions politiques étant ramenées aux fonctions industrielles, l'ordre social résulterait du seul fait des transactions et des échanges. Chacun alors pourrait se dire autocrate de lui-même, ce qui est l'extrême inverse de l'absolutisme monarchique.

De même, au surplus, que la monarchie et le communisme, fondés en nature et en raison ont leur légitimité et leur moralité, sans que jamais ils puissent se réaliser dans la rigueur et la pureté de leur notion ; de même la démocratie et l'anarchie, fondés en liberté et en droit, poursuivant un idéal en rapport avec leur principe, ont leur légitimité et leur moralité. Mais nous verrons aussi qu'en dépit de leur origine juridique et rationaliste, elles ne peuvent pas davantage, en prenant de l'accroissement et se développement en population et territoire, se maintenir dans la rigueur et la pureté de leur notion, et qu'elles sont condamnées à rester à l'état de *desiderata* perpétuels. Malgré l'attrait puissant de la liberté, ni la démocratie ni l'anarchie, dans la plénitude et l'intégrité de leur idée, ne se sont constituées nulle part.

Du Principe fédératif

BAKOUNINE : « Le socialisme est partout »

En France, comme en Allemagne, tout en procédant silencieusement par la voie des associations économiques privées, le socialisme est déjà arrivé à un si haut degré de puissance au sein des classes ouvrières, que Napoléon III d'un côté, et le comte de Bismarck de l'autre, commencent à rechercher son alliance… Bientôt en Italie et en Espagne, après le fiasco déplorable de tous les partis politiques, et vu la misère horrible où l'une et l'autre se trouvent plongées, toute autre question va bientôt se perdre dans la question économique et sociale. En Russie et en Pologne y a-t-il au fond une autre question ? C'est elle qui vient de ruiner les dernières espérances de la vieille Pologne nobiliaire, historique ; c'est elle qui menace et qui ruinera l'existence déjà si fortement ébranlée de cet affreux Empire de toutes les Russies. En Amérique même, le socialisme ne s'est-il pas fait complètement jour dans la proposition d'un homme éminent, M. Charles Sumner, sénateur de Boston, de distribuer des terres aux nègres émancipés des États du Sud ?

Vous voyez bien, messieurs, que le socialisme est partout, et que, malgré sa défaite en juin, par un travail souterrain, qui l'a fait lentement pénétrer dans les profondeurs de la vie politique de tous les pays, il est arrivé au point de se faire sentir partout, comme la puissance latente du siècle. Encore quelques années, et ils se manifestera comme une puissance active, formidable.

Fédéralisme, Socialisme et Antithéologisme

Bakounine : « L'État ne sera plus qu'un simple bureau d'affaires »

L'État cessant d'être la providence, le tuteur, l'éducateur, le régulateur de la société, renonçant à tout pouvoir répressif, et tombant au rôle subalterne que lui assigne Proudhon, ne sera plus qu'un simple bureau d'affaires, une sorte de comptoir central au service de la société.

Sans doute, une telle organisation politique, ou plutôt une telle réduction de l'action politique, en faveur de la liberté de la vie sociale, serait un grand bienfait pour la société, mais elle ne contenterait nullement les partisans irréductibles de l'État. Il leur faut absolument un État providence, un État directeur de la vie sociale, dispensateur de la justice et régulateur de l'ordre public. C'est-à-dire, qu'ils se l'avouent ou non et lors même qu'ils s'appelleraient républicains, démocrates ou même socialistes, il leur faut toujours un peuple plus ou moins ignorant, mineur, incapable ou, pour nommer les choses par leur nom, un peuple plus ou moins *canaille* à gouverner ; afin sans doute, que, faisant violence à leur désintéressement et à leur modestie, ils puissent eux-mêmes garder les premières places, afin d'avoir toujours l'occasion de se dévouer à une chose publique et que forts de leur dévouement vertueux et de leur intelligence exclusive, gardiens privilégiés de l'humain troupeau, tout en le poussant pour son bien et le conduisant au salut, ils puissent aussi le tondre un peu.

Toute théorie conséquente et sincère de l'État est essentiellement fondée sur le principe de *l'autorité* c'est-à-dire sur cette idée éminemment théologique, métaphysique, politique, que les masses, *toujours* incapables de se gouverner, devront subir en tout temps le joug bienfaisant d'une sagesse et d'une justice qui, d'une manière ou d'une autre, leur seront imposées d'en haut.

Fédéralisme, Socialisme et Antithéoligisme

KROPOTKINE : « La recherche de l'égalité »

Toute société qui aura rompu avec la propriété privée sera forcée, selon nous, de s'organiser en communisme anarchiste. L'anarchie mène au communisme, et le communisme à l'anarchie, l'un et l'autre n'étant que l'expression de la tendance prédominante des sociétés modernes, la recherche de l'égalité.

La Conquête du pain

KROPOTKINE : « Le communisme est non seulement désirable… »

Nous maintenons, en outre, que le communisme est non seulement désirable, mais que les sociétés actuelles, fondées sur l'individualisme, sont même forcées continuellement de marcher vers le communisme.

Le développement de l'individualisme pendant les trois derniers siècles s'explique surtout par les efforts de l'homme, voulant se prémunir contre les pouvoirs du capital et de l'État. Il a cru un moment et ceux qui formulaient pour lui sa pensée ont prêché qu'il pouvait s'affranchir entièrement de l'État et de la société. « Moyennant l'argent, disait-il, je peux acheter tout ce dont j'aurai besoin. » Mais l'individu a fait fausse route et l'histoire moderne le ramène à reconnaître que sans le concours de tous, il ne peut rien, même avec ses coffres-forts remplis d'or.

La Conquête du pain

KROPOTKINE : « L'humanité tend à réduire à zéro l'action des gouvernements »

Après avoir tenté longtemps vainement de résoudre ce problème insoluble : celui de se donner un gouvernement, « qui puisse contraindre l'individu à l'obéissance, sans toutefois cesser d'obéir lui-même à la société », l'humanité s'essaye à se délivrer de toute espèce de gouvernement et à satisfaire ses besoins d'organisation par la libre entente entre individus et groupes poursuivant le même but. L'indépendance de chaque minime unité territoriale devient un besoin pressant ; le commun accord remplace la loi, et, par-dessus les frontières, règle les intérêts particuliers en vue d'un but général.

Tout ce qui fut jadis considéré comme fonction du gouvernement lui est disputé aujourd'hui : on s'arrange plus facilement et mieux sans son intervention. En étudiant les progrès faits dans cette direction, nous sommes amenés à conclure que l'humanité tend à réduire à zéro l'action des gouvernements, c'est-à-dire à abolir l'État, cette personnification de l'injustice, de l'oppression et du monopole.

Nous pouvons déjà entrevoir un monde où l'individu, cessant d'être lié par des lois, n'aura que des habitudes sociales – résultat du besoin éprouvé par chacun d'entre nous, de chercher l'appui, la coopération, la sympathie de ses voisins.

La Conquête du pain

KROPOTKINE : « C'est encore le communisme qui garantit le plus de liberté à l'individu »

Dans la société actuelle, où personne n'est admis à faire usage du champ, de l'usine, des instruments de travail, à moins de se reconnaître l'inférieur, le soumis d'un Monsieur quelconque, la servitude, la soumission, l'absence de liberté, l'habitude du fouet sont *imposés* par la forme même de la société. Par contre, dans une société communiste qui reconnaît le droit de chacun, à titre égalitaire, à tous les instruments de travail et à tous les moyens d'existence que possède la société, il n'y a d'hommes à genoux devant les autres que ceux qui le sont par leur nature de serfs volontaires. Chacun étant l'égal de chacun en ce qui concerne le droit au bien-être, il n'a qu'à ne pas plier le genou devant la volonté et l'arrogance d'autrui, et maintenir l'égalité dans toutes les relations personnelles avec ses co-sociétaires.

En effet, plus on méditera sur ce sujet, mieux on verra que de toutes les institutions, de toutes les formes de gouvernement social qui furent essayées jusqu'à ce jour, c'est encore le communisme qui garantit le plus de liberté à l'individu – pourvu que l'idée mère de la commune soit la Liberté égalitaire, l'absence d'autorité, l'Anarchie.

Le communisme, institution économique, est capable de revêtir toutes les formes, soit de liberté, soit d'oppression. Il peut produire un couvent, dans lequel tous obéiront implicitement à leur supérieur ; et il peut être une association tout à fait libre, laissant à l'individu toute sa liberté ; une association qui ne dure qu'autant que les associés veulent rester ensemble, n'imposant rien à personne, jalouse au contraire d'intervenir pour défendre la liberté de l'individu, l'agrandir, l'étendre dans toutes les directions. Il [le communisme] peut être autoritaire (auquel cas la commune périt bientôt), et il peut être anarchiste.

La Science moderne et l'Anarchie

4. Le mutualisme révolutionnaire

Au cœur du système de la mutualité proposé par Proudhon, il y a la question, non résolue par les premiers mutuellistes réformistes comme Owen, de la circulation du capital et de la propriété privée de ce même capital. Convaincu dès la fin des années 1830 que pour abolir la propriété il faut retirer aux propriétaires le droit *et la* possibilité *de prélever pour leur compte une valeur non créée par leur propre travail, Proudhon, en appelant ce prélèvement « vol », ébranle l'édifice juridique sur lequel s'appuie l'exploitation de l'homme par l'homme.*

Après la révolution, on ne pourra plus, selon lui, prêter un capital en exigeant un intérêt, contrepartie de ce prêt : cette valeur n'est pas l'image monétaire d'un produit réel, mais celle d'une simple circulation, d'un passage d'une personne à une autre. On ne pourra plus, pour une raison comparable, affermer une terre agricole : le fermage reçu par le propriétaire ne serait pas le produit de son travail, mais de celui du fermier. Impossible et illégal, aussi, de prétendre demander à un locataire de payer au propriétaire une somme économiquement fictive, car celui-ci n'a rien fait pour la mériter. De la même manière, aucune Bourse ne pourra aider à verser des dividendes spéculatifs à des rentiers repus et paresseux. Toutes ces valeurs transférées de l'un à l'autre sans qu'aucun travail humain concret ne les ait produites ne pourraient que fausser l'équilibre complexe du travail total effectué réellement par une société organisée sur des bases économiques nouvelles.

Les ennemis de Proudhon, de son vivant jusqu'à aujourd'hui, on caricaturé sa critique de la propriété et du crédit à intérêt, y voyant une solution superficielle, médiocre, réformiste, économiquement improductive.

La répartition égalitaire de tous les patrimoines, financiers, fonciers et industriels, proposée par Proudhon, provoquerait selon eux une décentralisation économique qui ferait du pays une nation de petits propriétaires, d'artisans et de boutiquiers.

En réalité, le système proudhonien suppose une modification radicale du monde des échanges : que devient le capitalisme lorsque le capital ne peut plus, sous quelque forme que ce soit, produire un profit privé, mais se contente de circuler *pour alimenter une machine économique fondée sur l'échange mutuel, le travail, la justice ?*

Ce « nouveau pacte » fonde selon Proudhon un système coopératif de producteurs libres et économiquement complémentaires. Bakounine, qui est si peu prolixe en matière de prospective, particulièrement s'il s'agit de définir à l'avance les formes d'organisation futures, adhère tout de même au principe mutualiste et coopératif, car il le trouve rationnel et équitable.

Kropotkine écrit deux générations après Proudhon. Il profite de l'expérience des mouvements révolutionnaires. Il va donc développer les conséquences théoriques du mutualisme proudhonien en exigeant l'égalité des salaires. Il en vient de ce fait à contester le salariat lui-même, se heurtant alors à la distinction qu'opèrent les économistes, même les collectivistes (Marx compris), entre travail qualifié et travail simple. La propriété une fois abolie dans les faits et en droit par l'appropriation révolutionnaire, la mutualité définira aussi bien les relations personnelles que les rapports entre les nations. La satisfaction des besoins, une production diversifiée, un développement autocentré, des échanges équitables, en remplacement de la pénurie, de la spécialisation professionnelle des individus et de la concurrence entre nations, telle est la vision cohérente du communisme libertaire de Kropotkine : celle d'une société égalitaire à l'intérieur, pacifique à l'extérieur, qui est l'aboutissement de la conception initiale de la mutualité imaginée par Proudhon.

Proudhon : « Qu'est-ce que la mutualité, en effet ? »

Qu'est-ce que la mutualité, en effet ? Une formule de justice, jusqu'à présent négligée, ou tenue en réserve, par nos différentes catégories législatives ; et en vertu de laquelle les membres de la société, de quelque rang, fortunes et condition qu'ils soient, corporations ou individus, familles ou cités, industriels, agriculteurs ou fonctionnaires publics, se promettent et se garantissent réciproquement service pour service, crédit pour crédit, gage pour gage, sûreté pour sûreté, valeur pour valeur, information pour information, bonne foi pour bonne foi, vérité pour vérité, liberté pour liberté, propriété pour propriété…

Voilà par quelle formule radicale la Démocratie entreprend dès à présent de réformer le Droit dans toutes ses branches ou catégories : droit civil, droit commercial, droit criminel, droit administratif, droit public, droit des gens ; voilà comment elle entend fonder le Droit économique.

Que ce mutualisme existe, et nous avons le lien le plus fort et le plus subtil, l'ordre le plus parfait et le moins incommode qui puisse unir les hommes, la plus grande somme de liberté à laquelle ils puissent prétendre. J'admets que dans ce système la part de l'autorité soit de plus en plus faible : qu'importe si l'autorité n'a rien à faire ? J'admets également que la charité devienne une vertu de plus en plus inutile : qu'aurons-nous à craindre de l'égoïsme ?... De quelle vertu privée et sociale accuserez-vous de manquer des hommes qui se promettent réciproquement tout, qui, sans accorder rien pour rien, se garantissent tout, s'assurent tout, se donnent tout : Instruction, Travail, Echange, Patrimoine, Revenu, Richesse, Sécurité ?

De la Capacité politique des classes ouvrières

PROUDHON : « L'intérêt, je l'appelle vol »

Je vous répète donc, et en conscience, je crois parler clair : oui, le prêt à intérêt a été, dans un temps, légitime lorsque toute centralisation démocratique du crédit et de la circulation était impossible. Il ne l'est plus, maintenant que cette centralisation est devenue une nécessité de l'époque, partant, un devoir de la société, un devoir du citoyen. C'est pour cela que je m'élève contre l'usure ; je dis que la société me doit le crédit et l'escompte sans intérêt ; l'intérêt je l'appelle *vol.*

C'est ainsi que l'intérêt du capital, légitime alors que le prêt est un service rendu de citoyen à citoyen, mais qui cesse de l'être quand la société à conquis le pouvoir d'organiser le crédit gratuitement pour tout le monde, cet intérêt, dis-je, est contradictoire dans son essence, en ce que d'une part, le service rendu par le prêteur a droit à une rémunération ; et que d'un autre côté, tout salaire suppose produit ou privation, ce qui n'a pas lieu dans le prêt. La révolution qui s'opère dans la légitimité du prêt vient de là. Voici comment le socialisme pose la question : voilà aussi sur quel terrain les défenseurs de l'ancien régime doivent se placer. Se renfermer dans la tradition, se borner à dire : le prêt est un service rendu, donc il doit être payé ; sans vouloir entrer dans les considérations qui tendent à abroger l'intérêt, ce n'est pas répondre. Le socialisme, redoublant d'énergie, proteste et vous dit : Je n'ai que faire de votre service, service pour vous, spoliation pour moi, tandis qu'il est loisible à la société de me faire jouir des mêmes avantages que vous m'offrez, et cela sans rétribution. M'imposer un tel service, malgré moi, en refusant d'organiser la circulation des capitaux, c'est me faire supporter un prélèvement injuste, c'est me voler.

Cinquième lettre à Frédéric Bastiat, (décembre 1849)

PROUDHON : « L'application de la justice à l'économie politique »

Ce qui constitue le *droit économique,* dont j'ai mainte fois parlé dans les publications antérieures, en d'autres termes, l'application de la justice à l'économie politique, on doit le comprendre maintenant, c'est le régime de la mutualité. En dehors des institutions mutuellistes, librement formées par la raison et l'expérience, les faits économiques ne sont qu'un imbroglio de manifestations contradictoires, produit du hasard, de la fraude, de la tyrannie et du vol.

Le droit économique donné, le droit public va s'en déduire immédiatement. Un gouvernement est un système de garanties ; le même principe de garantie mutuelle, qui doit assurer à chacun l'instruction, le travail, la libre disposition de ses facultés, l'exercice de son industrie, la jouissance de sa propriété, l'échange des ses produits et services, assurera également à tous l'ordre, la justice, la paix, l'égalité, la modération du pouvoir, la fidélité des fonctionnaires, le dévouement de tous.

De même donc que le territoire a été primitivement divisé par la nature et délimité en un certain membre de régions ; puis, dans chaque région, subdivisé d'un accord mutuel entre les communes et partagé entre les familles ; de même encore que les travaux et les industries se sont réciproquement distribués, selon la loi de division organique, et ont formé à leur tout des groupes et corporations consenties.

Semblablement, selon le nouveau pacte, la souveraineté politique, l'autorité civile et l'influence corporative se coordonnent entre les régions, districts, communes et autres catégories, et par cette coordination s'identifient avec la liberté même.

De la Capacité politique des classes ouvrières

PROUDHON : « Mutualité, réciprocité, échange, justice »

Le mot français *mutuel, mutualité, mutation,* qui a pour synonyme *réciproque, réciprocité,* vient du latin *mutuum*, qui signifie prêt (de consommation), et dans un sens plus large, échange. On sait que dans le prêt de consommation l'objet prêté est consommé par l'emprunteur, qui n'en rend alors que l'équivalent, soit en même nature, soit sous toute autre forme. Supposez que le prêteur devienne de son côté emprunteur, vous aurez une prestation mutuelle, un échange par conséquent : tel est le lien logique qui a fait donner le même nom à deux opérations différentes. Rien de plus élémentaire que cette notion : aussi n'insisterai-je pas davantage sur le côté logique et grammatical. Ce qui nous intéresse est de savoir comment, sur cette idée de mutualité, réciprocité, échange, JUSTICE, substituée à celles d'autorité, communauté ou charité, on en est venu, en politique et en économie politique, à construire un système de rapports qui ne tend à rien de moins qu'à changer de fond en comble l'ordre social.

De la Capacité politique des classes ouvrières

Bakounine : « La question des associations coopératives »

De son côté, l'Internationale a, pendant des années, agité la question des associations coopératives ; se basant sur de nombreux arguments, elle en est arrivée aux conclusions suivantes formulées au Congrès de Lausanne (1867), et confirmées au Congrès de Bruxelles (1868).

La coopération sous tous ses aspects est incontestablement une forme équitable et rationnelle du futur système de production. Mais pour qu'elle puisse atteindre ses buts, qui sont l'émancipation des masses laborieuses, leur rétribution en fonction du produit intégral de leur travail et la satisfaction de leurs besoins, la terre et le capital, sous quelque forme que ce soit, doivent être convertis en propriété collective. Aussi longtemps que cela n'aura pas été fait, la coopération, dans la plupart de cas, sera écrasée par la concurrence toute puissante du grand capital et de la grande propriété foncière ; dans les rares cas où, par exemple, telle ou telle société de production, fonctionnant forcément plus ou moins en vase clos, réussira à supporter et surmonter cette concurrence, ce succès aura pour seul résultat d'engendrer une nouvelle classe privilégiée d'heureux coopérateurs dans la masse misérable des prolétaires. Ainsi dans les conditions actuelles de l'économie sociale, la coopération ne peut apporter l'émancipation aux masses ouvrières ; néanmoins, elle offre cet avantage que même dans le présent, elle habitue les travailleurs à s'unir, à s'organiser et à conduire eux-mêmes leurs propres affaires.

Étatisme et Anarchie (1873)

KROPOTKINE : « Le communisme, une vue synthétique de la consommation, de la production et de l'échange »

En effet, quand on considère les besoins de l'individu et de la société et les moyens auxquels l'homme a eu recours pour les satisfaire, durant ses diverses phases de développement, on reste convaincu de la nécessité de solidariser les efforts, au lieu de les abandonner aux hasards de la production actuelle. On comprend que l'appropriation par quelques uns de toutes les richesses non consommées et se transmettant d'une génération à l'autre, n'est pas dans l'intérêt général. On constate que de cette manière les besoins des trois quarts de la société risquent de ne pas être satisfaits, et que la dépense excessive de force humaine n'en est que plus inutile et plus criminelle.

On comprend enfin que l'emploi le plus avantageux de tous les produits est celui qui satisfait les besoins les plus pressants et que la valeur d'utilité ne dépend pas d'un simple caprice, ainsi qu'on l'a souvent affirmé, mais de la satisfaction qu'elle apporte à des besoins réels.

Le Communisme, c'est-à-dire une vue synthétique de la consommation, de la production et de l'échange *et* une organisation qui réponde à cette vue synthétique, devient ainsi la conséquence logique de cette compréhension des choses, la seule, à notre avis, qui soit réellement scientifique.

Une société qui satisfera les besoins de tous, et qui saura organiser la production, devra en outre faire table rase de certains préjugés concernant l'industrie et, en premier lieu, de la théorie tant prônée par les économistes sous le nom de *division du travail,* que nous allons aborder dans le chapitre suivant.

La Conquête du pain

KROPOTKINE : « Travail qualifié et travail simple »

Nous avons dit que certains écrivains collectivistes demandent qu'on établisse une distinction entre le travail *qualifié* ou professionnel et le travail *simple*. Ils prétendent que l'heure de travail de l'ingénieur, de l'architecte ou du médecin, doit être comptée comme deux ou trois heures de travail du forgeron, du maçon ou de la garde-malade. Et la même distinction, disent-ils, doit être faite entre toute espèce de métier exigeant un apprentissage plus ou moins long et ceux des simples journaliers.

Eh bien, établir cette distinction, c'est maintenir toutes les inégalités de la société actuelle. C'est tracer d'avance une démarcation entre les travailleurs et ceux qui prétendent les gouverner. C'est diviser la société en deux classes bien distinctes : l'aristocratie du savoir, au-dessus de la plèbe des bras calleux ; l'une, vouée au service de l'autre ; l'une, travaillant des ses bras pour nourrir et vêtir ceux qui profitent de leurs loisirs afin d'apprendre à dominer leurs nourriciers.

C'est plus encore reprendre un des traits distinctifs de la société actuelle et lui donner la sanction de la Révolution sociale. C'est ériger en principe un abus que l'on condamne aujourd'hui dans la vieille société qui s'effondre.

La Conquête du pain

KROPOTKINE : « C'est par ce principe que le salariat a débuté »

« À chacun selon ses œuvres », disent les collectivistes, ou en d'autres termes, selon sa part de services rendus à la société. Et ce principe, on le recommande comme devant être mis en pratique dès que la révolution aura mis en commun les instruments de travail et tout ce qui est nécessaire à la production !

Eh bien, si la Révolution sociale avait le malheur de proclamer ce principe, ce serait enrayer le développement de l'humanité ; ce serait abandonner, sans le résoudre, l'immense problème social que les siècles passés nous ont mis sur les bras.

En effet, dans une société telle que la nôtre, où nous voyons que plus l'homme travaille, moins il est rétribué, ce principe peut paraître de prime abord comme une aspiration vers la justice. Mais au fond il n'est que la consécration des injustices du passé.

C'est par ce principe que le salariat a débuté, pour aboutir aux inégalités criantes, à toutes les abominations de la société actuelle, parce que, du jour où l'on commença à évaluer, en monnaie ou en toute autre espèce de salaire, les services rendus, du jour où il fut dit que chacun n'aurait que ce qu'il réussirait à se faire payer pour ses oeuvres, toute l'histoire de la société capitaliste (l'État aidant) était écrite d'avance : elle était renfermée, en germe, dans ce principe.

Devons nous revenir au point de départ et refaire à nouveau la même évolution ? Nos théoriciens le veulent ; mais heureusement c'est impossible : la révolution, nous l'avons dit, sera communiste ; sinon, noyée dans le sang, elle devra être recommencée.

La Conquête du pain

Kropotkine : « Travailler cinq heures par jour »

Supposez une société, comprenant plusieurs millions d'habitants engagés dans l'agriculture et une grande variété d'industries, Paris, par exemple, avec le département de Seine-et-Oise. Supposez que dans cette société, tous les enfants apprennent à travailler de leurs bras aussi bien que de leurs cerveaux. Admettez enfin que tous les adultes, sauf les femmes occupées à l'éducation des enfants, s'engagent à travailler *cinq heures par jour* de l'âge de vingt ou vingt-deux ans à celui de quarante-cinq ou cinquante, et qu'ils s'emploient à des occupations au choix, en n'importe quelle branche des travaux humains considérés comme *nécessaires.* Une pareille société pourrait en retour, garantir le bien-être à tous ses membres, c'est-à-dire, une aisance autrement réelle que celle dont jouit aujourd'hui la bourgeoisie. Et chaque travailleur de cette société disposerait en outre d'au moins cinq heures par jour qu'il pourrait consacrer à la science, à l'art, et aux besoins individuels qui ne rentreraient pas dans la catégorie du *nécessaire,* sauf à introduire plus tard dans cette catégorie, lorsque la productivité de l'homme augmenterait, tout ce qui est encore aujourd'hui considéré comme luxueux ou inaccessible.

La Conquête du pain

KROPOTKINE : « Il faut produire pour la consommation de son propre pays »

Le progrès doit être cherché dans une autre direction : *il faut produire pour la consommation de son propre pays.* Les clients pour les cotons du Lancashire et la coutellerie de Sheffield, les soieries de Lyon et les minoteries hongroises ne sont ni dans l'Inde ni en Afrique. Les vrais consommateurs des produits de nos usines doivent être chez nous : ce sont nos propres producteurs ; et ils *peuvent* l'être, pourvu qu'ils sortent de la misère.

Inutile d'envoyer des magasins flottants en Nouvelle Guinée avec des articles de mode anglais ou allemands, puisqu'il y a dans les Iles Britanniques une foule de gens qui ne demanderaient qu'à acheter ces articles anglais, et qu'en Allemagne les clients ne manqueraient pas pour les produits allemands, du jour où les travailleurs sortiraient de la misère.

Au lieu de nous fatiguer le cerveau à imaginer des moyens de nous assurer une clientèle lointaine, ne vaudrait-il pas mieux essayer de répondre aux questions suivantes : pourquoi l'ouvrier anglais, dont on loue si fort les capacités industrielles dans les discours électoraux ; pourquoi le petit fermier écossais et le paysan irlandais dont la persévérance obstinée à créer un nouveau sol productif sur l'emplacement des tourbières fait l'objet de tant d'éloges, pourquoi ne sont-ils pas, eux, les clients des tisserands du Lancashire, des couteliers de Sheffield et des mineurs du Northumberland et du pays de Galles ? Pourquoi les Canuts de Lyon non seulement ne portent pas de soieries, mais parfois manquent de pain dans leurs mansardes ? Pourquoi les paysans russes vendent-ils leur blé et sont-ils contraints pendant quatre, six et même parfois huit mois de l'année de mélanger de l'écorce et toutes sortes d'herbes à une poignée de farine pour faire leur pain ? Pourquoi les famines sont-elles si fréquentes parmi les cultivateurs de riz et de blé de l'Hindoustan ?

Champs, usines et ateliers

KROPOTKINE : « L'agriculture ne peut prospérer qu'à côté des usines »

Chaque nation trouve avantage à combiner chez soi l'agriculture avec la plus grande variété possible d'usines et de manufactures. La spécialisation dont les économistes nous ont parlé était bonne pour enrichir quelques capitalistes : mais elle n'a aucune raison d'être, et il y a au contraire tout avantage à ce que chaque pays, chaque bassin géographique, puisse cultiver son blé et ses légumes et fabriquer chez soi tous les produits manufacturés qu'il consomme. Cette diversité est le meilleur gage du développement complet de la production par le concours mutuel et de chacun des éléments du progrès ; tandis que la spécialisation, c'est l'arrêt du progrès.

L'agriculture ne peut prospérer qu'à côté des usines. Et dès qu'une seule usine fait son apparition, une variété infinie d'autres usines de toute sorte *doivent* surgir autour d'elle, afin que, se supportant mutuellement, se stimulant l'une l'autre par leurs inventions, elles s'accroissent ensemble.

La Conquête du pain

5. Le fédéralisme révolutionnaire

Pour dire « traité d'amitié », « alliance », les Romains avaient un mot, « foedus », dont le génitif « foederis » a servi à former un vocable présent dans presque toutes les langues européennes : « fédération ».

C'est exactement en ce sens que Proudhon entend le fédéralisme, qui est pour lui la forme que prend en politique le principe économique de la mutualité. La fédération sera donc le lien politique contractuel et libérateur qui réunit des producteurs individuels associés économiquement par des échanges mutualisés.

Selon Proudhon, on passe de la mutualité à la fédération en procédant par étage et par étapes, la dynamique étant essentiellement économique et venant par le bas : une fois les patrimoines personnels égalisés par la voie juridique (sur ce point, Bakounine et Kropotkine parleront plutôt d'appropriation ou d'expropriation collective), les travailleurs-propriétaires mutuellistes s'associent en coopératives (dans l'agriculture et l'industrie) qui se regrouperont ensuite en fédération agricole et industrielle. Les services, l'artisanat et la distribution, eux aussi mutualisés, formeront la fédération commerciale. De leur côté, les producteurs, qui sont aussi des consommateurs, s'associent en fédération de la production et de la consommation.

On comprend que ce système « retourné » retire toute autorité à l'État, qui laisse place à une commission générale ayant en charge la gestion des calculs économiques de compensation et d'équilibrage. Ce « gouvernement par soi-même » des travailleurs-producteurs pousse naturellement à leur regroupement en communes libres, celles-ci formant à leur tour, toujours sur la base de l'égalité et de l'échange mutuel, des fédérations régionales, elles mêmes réunies en nations, qui peuvent en dernière instance constituer des confédérations. Bakounine et Kropotkine reprendront ces conceptions sans les modifier, adaptant seulement ces principes aux réalités économiques et politiques de leur période.

Le caractère rationnel et concret de la construction proudhonienne, fondée sur la mutualité et le fédéralisme, a dominé toute la pensée socialiste française de manière profonde et prolongée : chez les deux gendres de Marx, Longuet et Lafargue, on trouve des accents proudhoniens, ainsi que chez des socialistes révolutionnaires comme Sorel (théoricien de l'autogestion et de la grève générale) ou Varlin, fondateur de la première Internationale avec Marx. De même, les vingt-quatre représentants anarchistes élus (sur 33) de la Commune de Paris. Sans parler des centaines de milliers de travailleurs entrés dans les syndicats dès la fin du XIXe siècle, ni du grand mouvement des coopératives ouvrières, né à la même époque.

Refusant le régionalisme bourgeois des adversaires girondins de Robespierre, sceptiques sur la possibilité de former une confédération européenne tant du moins que tous les États ne se seraient pas transformés chacun en fédération, les penseurs libertaires on proposé un type d'organisation politique, une démocratie économique et sociale qui suppose un projet révolutionnaire et une transformation radicale des rapports entre les hommes.

Bien des échéances politiques, économiques, et même environnementales, qui se présentent aujourd'hui à la civilisation humaine mériteraient d'être examinées au vu des propositions élaborées par les initiateurs du communisme libertaire.

PROUDHON : « Le centre politique est partout, la circonférence nulle part »

La vieille loi d'unité et d'indivision est abrogée. En vertu du consentement, au moins présumé, des diverses parties de l'État au pacte d'union, le centre politique est partout, la circonférence nulle part. Chaque groupe ou variété de population, chaque race, chaque langue est maîtresse de son territoire. Chaque cité, garantie par ses voisines, est reine dans le cercle formé par son rayonnement. L'unité n'est plus marquée :

– dans le droit, que par la promesse que se font les uns aux autres les divers groupes souverains : 1° de se gouverner eux-mêmes mutuellement et de traiter avec leurs voisins selon certains principes ; 2° de se protéger contre l'ennemi du dehors et la tyrannie du dedans ; 3° de se concerter dans l'intérêt de leurs exploitations et de leurs entreprises respectives, comme aussi de se prêter assistance dans leurs infortunes ;

– dans le Gouvernement, que par un conseil national formé des députés des États, et chargé de veiller à l'exécution du pacte et à l'amélioration de la chose commune.

Ainsi, transporté dans la sphère politique, ce que nous avons appelé jusqu'à présent mutuellisme ou garantisme prend le nom de *fédéralisme*. Dans une simple synonymie nous est donnée la Révolution tout entière, politique et économique.

De la Capacité politique des classes ouvrières

PROUDHON : « La Fédération résout seule, en théorie et en pratique, le problème de l'accord de la Liberté et de l'Autorité »

Jusqu'à présent le Fédéralisme n'avait éveillé dans les esprits que des idées de désagrégation : il était réservé à notre époque de le concevoir comme système politique.

a) Les groupes qui composent la Confédération, ce qu'on nomme ailleurs État, sont eux-mêmes des États, se gouvernant, se jugeant et s'administrant en toute souveraineté selon leurs lois propres ;

b) La Confédération a pour but de les rallier dans un pacte de garantie mutuelle ;

c) Dans chacun des États confédérés, le gouvernement est organisé selon le principe de la séparation des pouvoirs : l'égalité devant la loi et le suffrage universel en forment la base.

Voilà tout le système. Dans la Confédération, les unités qui forment le corps politique ne sont pas des individus, citoyens ou sujets ; ce sont des groupes, donnés *a priori* par la Nature, et dont la grandeur moyenne ne dépasse pas celle d'une population rassemblée sur un territoire de quelques centaines de lieues carrées. Ces groupes sont eux-mêmes de petits États, organisés démocratiquement sous la pression fédérale, et dont les unités sont les chefs de famille ou citoyens.

Ainsi constituée, la Fédération résout seule, en théorie et en pratique, le problème de l'accord de la Liberté et de l'Autorité, donnant à chacune sa juste mesure, sa vraie compétence et toute son initiative.

Du Principe fédératif

PROUDHON : « Le système fédératif est l'opposé de la hiérarchie, ou centralisation administrative »

En résumé, le système fédératif est l'opposé de la hiérarchie ou centralisation administrative et gouvernementale par laquelle se distinguent, *ex æquo,* les démocraties impériales, les monarchies constitutionnelles et les républiques unitaires. Sa loi fondamentale, caractéristique, est celle-ci : dans la fédération, les attributs de l'autorité centrale se spécialisent et se restreignent, diminuent de nombre, d'immédiateté, et, si j'ose ainsi dire, d'intensité, à mesure que la Confédération se développe par l'accession de nouveaux États. Dans les gouvernements centralisés, au contraire, les attributs du pouvoir suprême se multiplient, s'étendent et s'immédiatisent, attirent dans la compétence du prince les affaires des provinces, communes, corporations et particuliers, en raison directe de la superficie territoriale et du chiffre de la population. De là cet écrasement sous lequel disparaît toute liberté, non seulement communale et provinciale, mais même individuelle et nationale.

Une conséquence de ce fait, par laquelle je terminerai ce chapitre, c'est que, le système unitaire étant l'inverse du système fédératif, une confédération entre grandes monarchies, à plus forte raison entre démocraties impériales, est chose impossible. Des États comme la France, l'Autriche, l'Angleterre, la Russie, la Prusse, peuvent faire entre eux les traités d'alliance ou de commerce ; il répugne qu'ils se fédéralisent, d'abord, parce que leur principe y est contraire, qu'il les mettrait en opposition avec le pacte fédéral ; qu'en conséquence il leur faudrait abandonner quelque chose de leur souveraineté, et reconnaître au-dessus d'eux, au moins pour certains cas, un arbitre. Leur nature est de commander, non de transiger ni d'obéir.

Du Principe fédératif

PROUDHON : « Ainsi réglé et compris, le contrat politique est ce que j'appelle une fédération »

Le contrat politique n'acquiert toute sa dignité et sa moralité qu'à la condition 1° d'être *synallagmatique et commutatif* ; 2° d'être renfermé, quant à son objet, dans certaines limites : deux conditions qui sont censées exister sous le régime démocratique, mais qui, là encore, ne sont le plus souvent qu'une fiction. Peut-on dire que dans une démocratie représentative et centralisatrice, dans une monarchie constitutionnelle et censitaire, à plus forte raison dans une république communiste, à la manière de Platon, le contrat politique qui lie le citoyen à l'État soit égal et réciproque ? Peut-on dire que ce contrat, qui enlève aux citoyens la moitié ou les deux tiers de leur souveraineté et le quart de leur produit, soit renfermé dans de justes bornes ? Il serait plus vrai de dire, ce que l'expérience confirme trop souvent, que le contrat, dans tous ces systèmes, est exorbitant, *onéreux*, puisqu'il est, pour une partie plus ou moins considérable, sans compensation ; et *aléatoire*, puisque l'avantage promis, déjà insuffisant, n'est pas même assuré.

Pour que le contrat politique remplisse la condition synallagmatique et commutative que suggère l'idée de démocratie ; pour que, se renfermant dans de sages limites, il reste avantageux et commode à tous, il faut que le citoyen, en entrant dans l'association, 1° ait autant à recevoir de l'État qu'il lui sacrifie ; 2° qu'il conserve toute sa liberté, sa souveraineté et son initiative, moins ce qui est relatif à l'objet spécial pour lequel le contrat est formé et dont on demande la garantie à l'État. Ainsi réglé et compris, le contrat politique est ce que j'appelle une *fédération*.

Du Principe fédératif

PROUDHON : « Le système de la vieille société retourné »

Je dis qu'ici les masses travailleuses sont réellement, positivement et effectivement souveraines : comment ne le seraient-elles pas, si l'organisme économique leur appartient tout entier : le travail, le capital, le crédit, la propriété, la richesse ; comment, maîtresses absolues des fonctions organiques, ne le seraient-elles pas, à bien plus forte raison, des fonctions de relation ? La subordination à la puissance productive de ce qui fut autrefois, et à l'exclusion de tout le reste, le Gouvernement, le Pouvoir, l'État, éclate dans la manière dont se constitue l'organisme politique :

Un CORPS ÉLECTORAL s'assemblant dans sa spontanéité, faisant la police des opérations, révisant et sanctionnant ses propres actes ;

Une délégation, CORPS LÉGISLATIF, ou Conseil d'État, nommée par les groupes fédéraux et rééligible ;

Une *commission exécutive* choisie par les représentants du peuple dans leur propre sein et révocable ;

Un président de cette commission, enfin, nommé par elle-même et révocable.

N'est-ce pas là, dites-moi, le système de la vieille société retourné ; système où le pays est décidément tout ; où celui qu'on appelait autrefois chef de l'État, souverain, autocrate, monarque, despote, roi, empereur, czar, khan, sultan, majesté, altesse, etc., apparaît définitivement comme un *monsieur*, le premier, peut-être, entre ses concitoyens pour la distinction honorifique, mais, à coup sûr, le moins dangereux de tous les fonctionnaires publics ? Vous pouvez vous vanter cette fois que le problème de la garantie politique, le problème de la soumission du gouvernement au pays, du prince au souverain, est résolu. Jamais vous ne reverrez ni usurpation ni coup d'État ; l'insurgence du pouvoir contre le peuple, la coalition de l'autorité et de la bourgeoisie contre la plèbe sont impossibles.

De la Capacité politique des classes ouvrières

PROUDHON : « Aussitôt tout change, comme une décoration de théâtre »

Supposons cette belle unité française divisée en trente-six souverainetés, d'une étendue moyenne de 6.000 kilomètres carrés, et d'un million d'habitants. Supposons en chacun de ces trente-six États, le Pouvoir réduit à ses attributions essentielles, le budget ramené à ses justes limites, le même principe gouvernant à la fois l'ordre politique et l'ordre économique, la société, organisée selon la loi de mutualité, en harmonie avec le Gouvernement régi lui-même par le principe fédératif ; au-dessus des États confédérés, un conseil suprême, presque sans attributions administratives et juridiques, disposant d'un budget minime ; dont le mandat serait surtout de protéger à la fois, en chaque État, les citoyens contre les usurpations locales, et les Gouvernements locaux contre l'insolence des factions, pendant que lui-même serait garanti par la convention de tous les États. Aussitôt tout change, comme une décoration de théâtre. D'abord la centralisation, principe de discorde, son pouvoir, ses richesses, sa gloire n'éveillent plus l'ambition de personne. Tout-puissant pour protéger et se défendre, puisqu'il est l'organe de la confédération, le Pouvoir central est incapable d'usurpation et de conquête. Il n'a pas même de territoire à lui. Que lui peuvent dès lors les partis ? Que lui voudraient-ils ? Que leur rapporterait-il ? La puissance d'attaque diminue donc ici comme le carré de la surface offerte pour point de mire ; la liberté elle-même se désintéresse d'une semblable guerre, et tout en conservant ses prérogatives, tout en exerçant ses droits, devient plus amie ; la presse, entourée d'institutions mutuellistes, ayant perdu ses dimensions énormes que lui avaient données la centralisation, se moralise ; la complicité du public à son tour, complicité bien involontaire, disparaît avec l'influence des grands journaux de la capitale et le chiffre de leurs abonnements. Les États formant entre eux un pacte d'assurance mutuelle, aucun complot ne saurait les atteindre ; que voulez-vous qui complote et pourquoi ? Réunissez-vous, associez-vous, écrivez et parlez : qu'importe au Gouvernement ? Partout l'ordre est consolidé ; le Pouvoir placé sous l'œil et la main du Pays, formé de l'élite des citoyens, peut se moquer des excentricités de la critique, et quelle que soit sa sensibilité, laisser sans souci tout imprimer et tout dire.

De la Capacité politique des classes ouvrières

BAKOUNINE : « Mais voici que Proudhon parut »

En général, la réglementation a été la passion commune de tous les socialistes d'avant 1848, moins un seul : Cabet, Louis Blanc, Fouriéristes, Saint-Simoniens, tous avaient la passion d'endoctriner et d'organiser l'avenir, tous ont été plus ou moins *autoritaires.*

Mais voici que Proudhon parut : fils d'un paysan, et dans le fait et d'instinct cent fois plus révolutionnaire que tous ces socialistes doctrinaires et bourgeois, il s'arma d'une critique aussi profonde et pénétrante qu'impitoyable, pour détruire tous leurs systèmes. Opposant la liberté à l'autorité, contre ces socialistes d'État, il se proclama hardiment anarchiste, et à la barbe de leur déisme ou de leur panthéisme, il eut le courage de se dire simplement athée, ou plutôt avec Auguste Comte *positiviste.*

Son socialisme à lui, fondé sur la liberté tant individuelle que collective, et sur l'action spontanée des associations libres, n'obéissant à d'autres lois qu'aux lois générales de l'économie sociale, découvertes, ou qui sont à découvrir par la science, en dehors de toute réglementation gouvernementale et de toute protection de l'État, subordonnant d'ailleurs la politique aux intérêts économiques, intellectuels et moraux de la société, devait plus tard et par une conséquence nécessaire aboutir au fédéralisme.

Fédéralisme, Socialisme et Antithéologisme

BAKOUNINE : « La notion d'État fait place à la notion de libre fédération »

Pour nous la question politique est subordonnée à la question sociale et notamment à la question économique. Les États, *sous leur forme actuelle,* sont les ennemis du mouvement ouvrier et tous sont condamnés à disparaître pour faire place à un nouvel ordre social où la plus large liberté de l'individu ne s'opposera pas à la solidarité d'hommes égaux en droits ni à la coopération la plus étendue de ceux-ci pour atteindre leurs communs objectifs. Mais cela est encore un lointain avenir, un idéal social qu'on doit toujours avoir présent à l'esprit sans toutefois se laisser tromper par l'espoir de pouvoir le réaliser aujourd'hui ou demain.

Entre cet idéal de libre communauté future où sera effacée toute trace de contrainte étatique, et les États centralisés qui, dans le monde, oppriment la majorité de la population au moyen d'un formalisme compliqué et d'un immense réseau administratif, il existe un certain nombre de formes politiques intermédiaires qui ont été définies en théorie ou pour la réalisation desquelles des tentatives plus ou moins couronnées de succès ont été faites ; et dans cette lutte qui oppose ces formes politiques à l'étatisme moderne se prépare le triomphe du lointain avenir. Étant donnée la diversité des programmes politiques, nous n'appellerons l'attention que sur ce qu'ils ont d'essentiel, à savoir que le groupement des individus dépend de moins en moins de la division légale des territoires ou de la différence d'origine des nationalités, et que dans cette division légale prédominent de plus en plus le facteur matériel résultant de l'antagonisme économique entre exploiteurs et exploités et le facteur moral dû à l'antagonisme entre conservateurs et progressistes. La notion de l'État et de la centralisation fait place de plus en plus à la notion de libre fédération d'unités sociales sans cesse plus petites. Substituer aux groupements fictifs et occasionnels des individus des groupements conçus en partant de notions diamétralement opposées ; accroître l'autonomie des petits groupements de communes et d'associations libres aux dépens de la centralisation des États légaux modernes, en cela réside le progrès politique de l'humanité. Dans la lutte où s'opposent partis et programmes politiques, nous ne cesserons d'attirer l'attention sur l'importance de plus en plus grande que devra prendre la libre association au détriment de l'étatisme et nous nous comporterons envers ces théories et programmes avec d'autant plus de sympathie ou d'hostilité qu'ils se rapprocheront des futures associations libres d'individus égaux entre eux et prépareront cette forme de vie communautaire ou qu'ils maintiendront les principes traditionnels de l'ordre social légal, industriel et centralisé d'aujourd'hui.

Notre programme (1873)

Bakounine : « Chaque État centraliste se pose… comme une négation absolue du droit des autres États »

Conformément au sentiment unanime du Congrès de Genève, nous devons proclamer :

1. Que pour faire triompher la liberté, la justice et la paix dans les rapports internationaux de l'Europe, pour rendre impossible la guerre civile entre les différents peuples qui composent la famille européenne, il n'est qu'un seul moyen : c'est de constituer *les États-Unis de l'Europe.*

2. Que les États de l'Europe ne pourront jamais se former avec les États tels qu'ils sont aujourd'hui constitués, vu l'inégalité monstrueuse qui existe entre leurs forces respectives.

3. Que l'exemple de la défunte Confédération germanique a prouvé d'une façon péremptoire qu'une confédération de monarchies est une dérision ; qu'elle est impuissante à garantir soit la paix soit la liberté des populations.

4. Qu'aucun État centralisé, bureaucratique et par là même militaire, s'appela-t-il même république, ne pourra entrer sérieusement et sincèrement dans une confédération internationale. Par sa constitution, qui sera toujours une négation ouverte ou masquée de la liberté à l'intérieur, il serait nécessairement une déclaration de guerre permanente, une menace contre l'existence des pays voisins. Fondé essentiellement sur un acte ultérieur de violence, la conquête, ou ce que dans la vie privée on appelle le vol avec effraction, – acte béni par l'Église d'une religion quelconque, consacré par le temps et par là même transformé en droit historique – et s'appuyant sur cette divine consécration de la violence triomphante comme sur un droit exclusif et suprême, chaque État centraliste se pose par là même comme une négation absolue du droit de tous les autres États, ne les reconnaissant jamais, dans

les traités qu'il conclut avec eux, que dans une intérêt politique ou par impuissance.

Fédéralisme, Socialisme et Antithéologisme

KROPOTKINE : « La commune libre – telle est la forme politique qui devra être prise par la révolution sociale »

La commune libre – telle est la forme *politique* qui devra être prise par une révolution *sociale.* Même si toute la nation, ou si toutes les nations voisines sont contre cette manière d'agir, une fois que les habitants d'une commune et d'un territoire donné auront décidé *qu'ils veulent communaliser la consommation* des objets nécessaires pour la satisfaction de leurs besoins, ainsi que l'échange de ces produits et leur production, – *ils doivent accomplir cela eux-mêmes, chez eux.* Et, s'ils le font, s'ils mettent leurs énergies au service d'une aussi grande cause, ils trouveront dans leur commune une force qu'ils ne trouveraient jamais s'ils essayaient d'entraîner avec eux toute la nation, avec ses parties arriérées, hostiles ou indifférentes. Il est mieux de combattre celles-ci ouvertement, que d'avoir à les traîner après soi, comme autant de boulets rivés aux pieds de la Révolution.

Plus que cela. Nous fûmes à même de comprendre que si l'on n'a pas besoin d'un gouvernement central pour commander aux communes libres, si le gouvernement national est rejeté, et si l'unité nationale s'obtient par la libre fédération des communes, alors un gouvernement central *municipal* devient également inutile et nuisible. Les affaires qu'il s'agit de décider dans une commune sont en effet beaucoup moins compliquées, et les intérêts des citoyens moins variés et moins contradictoires qu'ils ne le sont dans une nation. Le principe fédératif doit donc suffire pour établir l'accord entre les différents groupes producteurs, consommateurs et autres dans la commune.

La Commune de Paris répondait ainsi à une question qui avait tourmenté chaque vrai révolutionnaire. À deux reprises la France avait essayé d'accomplir une révolution dans le sens socialiste, en cherchant à l'imposer par un gouvernement central : en 1793-1794, lorsqu'elle essaya, après la chute des Girondins, d'introduire « l'égalité de fait » – l'égalité réelle, économique – par le moyen de sévères mesures législatives, et en 1848, lorsqu'elle essaya de se donner, par son Assemblée Nationale, une « République démocratique-socialiste ».

Et, deux fois, elle échoua. Maintenant la vie même nous indiquait une nouvelle solution, la Commune libre. C'est elle qui devra faire elle-même la révolution, sur son propre territoire, en même temps qu'elle se libérera de l'État centralisé. Et cette nouvelle idée vint renforcer l'idéal de l'ANARCHIE.

Nous comprimes alors qu'il y avait dans *L'Idée générale sur la Révolution au XIXe siècle,* de Proudhon, une idée profondément pratique : *l'idée* d'Anarchie. Et, dans les nations latines, la pensée des hommes avancés commença à travailler dans cette direction.

La Science moderne et l'Anarchie

KROPOTKINE : « Permettre la satisfaction de tous les besoins sociaux »

Du moment où les monopoles constitués et solidifiés par l'État auraient cessé d'exister, l'État n'avait plus de raison d'être. De *nouvelles* formes de groupements devaient surgir, une fois que les rapports entre les hommes ne seraient plus des rapports d'exploités et d'exploiteurs. *La vie se simplifierait* dès que le mécanisme qui existait pour permettre au riche d'exploiter le travail du pauvre cesserait d'être requis.

L'idée de Communes indépendantes pour les groupements *territoriaux,* et de vastes fédérations de métiers pour les groupements par *fonctions sociales* – les deux s'enchevêtrant et se prêtant appui pour satisfaire les besoins de la société, – permit aux anarchistes de concevoir d'une façon concrète, réelle, l'organisation possible d'une société affranchie. Il n'y avait plus qu'à y ajouter les groupements par *affinités personnelles*, groupements sans nombre, variés à l'infini, de longue durée ou éphémères, surgissant selon les besoins du moment pour tous les buts possibles, – groupements que nous voyons déjà surgir dans la société actuelle, en dehors des groupements politiques et professionnels.

Ces trois sortes de groupements arriveraient ainsi à permettre la satisfaction de tous les besoins sociaux : la consommation, la production et l'échange ; les communications, les arrangements sanitaires, l'éducation ; la protection mutuelle contre les agressions, l'entr'aide, la défense du territoire ; la satisfaction, enfin, des besoins scientifiques, artistiques, littéraires, d'amusement. Le tout toujours plein de vie et toujours prêt à répondre par de nouvelles adaptations aux nouveaux besoins et aux nouvelles influences du milieu social et intellectuel.

Si une société de ce genre se développait sur un territoire assez large et assez peuplé pour permettre la variété nécessaire des goûts et des besoins, on s'apercevrait bientôt que la contrainte par l'autorité, quelle qu'elle soit, y serait inutile. Inutile pour maintenir la vie économique de la société, elle le serait aussi pour empêcher la plupart des actes anti-sociaux.

La Science moderne et l'Anarchie

6. La nouvelle éducation

De leur refus de se soumettre à un groupe d'experts pour administrer la société future découle pour les penseurs libertaires la nécessité de mettre fin à « l'ignorance des masses », par l'éducation et l'enseignement. Seuls des « travailleurs civilisés et libres » seront capables de donner une forme cohérente à leur idéal politique et social.

C'est la condition même de « l'autonomie » du peuple, de la « démocratie nouvelle » dont parle Proudhon. Faute de quoi les travailleurs seront éternellement mineurs, incapables, comme des enfants turbulents, de se gouverner durablement sans avoir recours à l'autorité de l'État. « Former des hommes libres », écrit Bakounine, « tel est le but final de l'éducation ».

À cette conception les trois théoriciens ajoutent une vision originale des formes et des techniques de la transmission du savoir : ainsi chacun devra selon eux pouvoir acquérir le maximum de connaissances à la fois dans le domaine de la culture générale (scientifique et littéraire, donc), mais aussi dans celui plus concret de ce qu'ils appellent tour à tour « apprentissage industriel », « travail musculaire », « travail manuel ». Afin d'éviter la reconstitution d'une intelligentsia élitiste coupée du peuple et donc encline à le gouverner, il est nécessaire selon Kropotkine de faire disparaître « l'opprobre qui s'attache au travail manuel » en étendant celui-ci à toutes les formations. La longueur de cette scolarité universelle, administrée « aux hommes et aux femmes » dit Bakounine, est extraordinairement longue par rapport aux conceptions répandues au XIXe siècle : de sept à dix-huit ans, selon Proudhon.

Quant à l'idée mutualiste, si vivace dans l'anarchisme depuis les origines, on la voit refaire surface chez Bakounine dans le « caractère mutuel » de l'enseignement qu'il appelle de ses vœux : cette conception fraternelle d'une éducation au cours de laquelle chacun échange avec les autres ses connaissances est très en avance, tout comme cette idée de Kropotkine selon laquelle l'école doit s'adapter « au tempérament et aux capacités » de l'élève, en l'aidant à trouver sa voie vers la réussite par la personnalisation des enseignements. Enseignement « individualisé » et « libre », éducation « intégrale », « complète », voilà des méthodes que même nos sociétés développées contemporaines n'ont encore que très imparfaitement appliquées !..

Proudhon : « Nous voulons des travailleurs civilisés et libres »

Quels sont donc les principes fondamentaux de l'enseignement dans une société justicière, mutuelliste et libre ?

En premier lieu, l'instruction de l'homme doit être, comme autrefois le progrès dans la piété, tellement conçue et combinée qu'elle dure à peu près toute la vie. Cela est vrai de tous les sujets, et des classes ouvrières encore plus que des savants de profession. Le progrès dans l'instruction, comme le progrès dans la vertu, est de toutes les conditions et de tous les âges : c'est la première garantie de notre dignité et de notre félicité.

Mais il est une époque d'éducation préparatoire, un temps d'écolage, pendant lequel l'enfant et l'adolescent ne font guère autre chose que de se munir des connaissances élémentaires, s'exercer aux travaux de l'industrie, demeurant ainsi, en partie du moins, à la charge des familles, jusqu'à ce qu'ils soient en état de pourvoir seuls à leur instruction ultérieure et à leur subsistance. C'est de cette période primaire de l'enseignement, la seconde de la vie humaine, que nous avons à nous occuper : elle s'étend, en moyenne, pour l'un et l'autre sexe, de l'âge de sept ans révolus à dix-huit ans, soit un laps de dix à douze années.

Il importe d'observer ici deux choses. D'abord l'instruction doit comprendre l'apprentissage ; la séparation de l'enseignement littéraire et scientifique de l'apprentissage industriel a été jugée par les hommes qui se sont le plus occupés de pédagogie (voir *l'Émile* de Rousseau), une chose mauvaise, et toutes les tendances modernes lui sont contraires. En second lieu, l'instruction qu'exige la Démocratie nouvelle doit être à tous les points de vue bien supérieure à celle que la moyenne des ouvriers reçoit aujourd'hui, et qui n'est que l'insigne de l'indigence. Ce que nous demandons n'est plus cette éducation servile, que comportait la hiérarchie féodale présentement en train de se reformer, et dont la propriété païenne s'accommodait elle-même ; c'est une éducation sérieusement libérale, à la hauteur du suffrage universel, et qui concoure, avec les institutions de mutualité et de garanties, avec l'association ouvrière et la fédération des communes et provinces, à entretenir un certain niveau entre les corporations, les conditions et les fortunes.

Hors de là, l'enfant envoyé aux écoles ne sera toujours qu'un jeune serf dressé pour la servitude, au mieux des intérêts et de la sécurité des classes supérieures : or, nous voulons des travailleurs civilisés et libres.

De la Capacité politique des classes ouvrières

Bakounine : « Ce sera un enseignement mutuel »

Le principe d'autorité, appliqué aux hommes qui ont dépassé ou atteint l'âge de la majorité, devient une monstruosité, une négation flagrante de l'humanité, une source d'esclavage et de dépravation intellectuelle et morale. Malheureusement, les gouvernements paternels ont laissé croupir les masses populaires dans une si profonde ignorance qu'il sera nécessaire de fonder des écoles non seulement pour les enfants du peuple, mais pour le peuple lui-même. De ces écoles devront être éliminées absolument les moindres applications ou manifestations du principe d'autorité. Ce ne seront plus des écoles ; ce seront des académies populaires, dans lesquelles il ne pourra plus être question ni d'écoliers, ni de maîtres, où le peuple viendra librement prendre, s'il le trouve nécessaire, un enseignement libre, et dans lesquelles, riche de son expérience, il pourra enseigner à son tour bien des choses aux professeurs qui lui apporteront des connaissances qu'il n'a pas. Ce sera donc un enseignement mutuel, un acte de fraternité intellectuelle entre la jeunesse instruite et le peuple.

La véritable école pour le peuple et pour les hommes faits, c'est la vie. La seule grande toute-puissante autorité naturelle et rationnelle à la fois, la seule que nous puissions respecter, ce sera celle de l'esprit collectif et public d'une société fondée sur le respect mutuel de tous ses membres. Oui, voilà une autorité qui n'est nullement divine, tout humaine, mais devant laquelle nous nous inclinerons de grand cœur, certains que, loin de les asservir, elle émancipera les hommes. Elle sera mille fois plus puissante, soyez-en certains, que toutes vos autorités divines théologiques, métaphysiques, politiques et juridiques, instituées par l'Église et par l'État ; plus puissante que vos codes criminels, vos geôliers et vos bourreaux.

Dieu et l'État

Bakounine : « Le but final de l'éducation est de former des hommes libres »

Faudra-t-il donc éliminer de la société tout enseignement et abolir toutes les écoles ? Loin de là. Il faut répandre à pleines mains l'instruction dans les masses et transformer toutes les Églises, tous ces temples dédiés à la gloire de Dieu et à l'asservissement des hommes, en autant d'écoles d'émancipation humaine. Mais, d'abord, entendons-nous ; les écoles proprement dites, dans une société normale, fondée sur l'égalité et sur le respect de la liberté humaine, ne devront exister que pour les enfants et non pour les adultes ; et, pour qu'elles deviennent des écoles d'émancipation et non d'asservissement, il faudra en éliminer, avant tout, cette fiction de Dieu, l'asservisseur éternel et absolu. Il faudra fonder toute éducation des enfants et leur instruction sur le développement scientifique de la raison, non sur celui de la foi : sur le développement de la dignité et de l'indépendance personnelles, non sur celui de la piété et de l'obéissance ; sur le culte de la vérité et de la justice, et avant tout sur le respect humain, qui doit remplacer, en tout et partout, le culte divin. Le principe de l'autorité, dans l'éducation des enfants, constitue le point de départ naturel : il est légitime, nécessaire, lorsqu'il est appliqué aux enfants en bas âge, alors que leur intelligence ne s'est pas encore ouvertement développée. Mais comme le développement de toute choses, et par conséquent de l'éducation, implique la négation successive du point de départ, ce principe doit s'amoindrir à mesure que s'avancent l'éducation et l'instruction, pour faire place à la liberté ascendante.

Toute éducation rationnelle n'est au fond que cette immolation progressive de l'autorité au profit de la liberté, le but final de l'éducation devant être de former des hommes libres et pleins de respect et d'amour pour la liberté d'autrui. Ainsi, le premier jour de la vie scolaire, si l'école prend les enfants en bas âge, alors qu'ils commencent à peine à balbutier quelques mots, doit être celui de la plus grande autorité et d'une absence à peu près complète de liberté : mais son dernier jour doit être celui de la plus grande liberté et de l'abolition absolue de tout vestige du principe animal ou divin de l'autorité.

Dieu et l'État

BAKOUNINE : « L'éducation devra être individualisée »

La différence physiologique des individus, à quelque degré que ce soit, une fois admise, il en résulte évidemment qu'un système d'éducation excellent en lui-même, en tant que système abstrait, peut être bon pour l'un, mauvais pour un autre.

Pour être parfaite, l'éducation devrait être beaucoup plus individualisée qu'elle ne l'est aujourd'hui, individualisée dans le sens de la liberté et uniquement par le respect de la liberté, même dans les enfants. Elle devrait avoir pour objet non la *dressure* du caractère, de l'esprit et du cœur, mais leur réveil à une activité indépendante et libre, et ne poursuivre d'autre but que la création de la liberté, ni d'autre culte ou plutôt d'autre morale, d'autre objet de respect : que la liberté de chacun et de tous ; que la simple justice, non juridique mais humaine ; la simple raison, non théologique, ni métaphysique, mais scientifique, et le travail tant musculaire que nerveux, comme base première et obligatoire pour tous, de toute dignité, de toute liberté et du droit. – Une telle éducation, répartie largement à tout le monde, aux femmes comme aux hommes, dans des conditions économiques et sociales fondées sur la stricte justice, ferait évanouir bien de soi-disant différences naturelles.

Fédéralisme, Socialisme et Antithéologisme

KROPOTKINE : « L'éducation intégrale, l'éducation complète »

Nous affirmons que dans l'intérêt de la science et de l'industrie, aussi bien que dans l'intérêt de la société prise dans son ensemble, tout être humain, sans distinction de naissance, devrait recevoir une éducation qui lui permît d'acquérir une connaissance approfondie des sciences, en même temps que la connaissance sérieuse d'un métier. Nous reconnaissons parfaitement qu'il est nécessaire de se spécialiser dans ses études ; mais nous soutenons que cette spécialisation ne doit venir qu'après l'éducation générale, et que cette éducation générale doit comprendre les sciences et le travail manuel. À la division de la société en travailleurs intellectuels et travailleurs manuels, nous opposons la combinaison des deux ordres d'activité ; et au lieu de l'enseignement « professionnel » qui comporte le maintien de la séparation actuelle, nous préconisons, avec les fouriéristes, avec quelques-uns des fondateurs de l'Internationale – leurs élèves – et avec bon nombre de savants modernes, l'éducation intégrale, l'éducation complète, qui entraîne la disparition de cette pernicieuse distinction.

Champs, usines et ateliers

Kropotkine : « Lorsque l'opprobre qui s'attache au travail manuel aura disparu »

Tant que l'écrivain considérera la blouse et le travail manuel comme un indice d'infériorité, il lui semblera stupéfiant de voir un auteur composer lui même son livre en caractères de plomb. N'a-t-il pas la salle de gymnastique ou le domino pour se délasser ? Mais lorsque l'opprobre qui s'attache au travail manuel aura disparu ; lorsque tous seront forcés d'user de leurs bras, n'ayant plus sur qui s'en décharger, oh, alors les écrivains, ainsi que leurs admirateurs et administratrices, apprendront vite l'art de manier le composteur ou l'appareil à caractères ; ils connaîtront la jouissance de venir tous ensemble – tous appréciateurs de l'œuvre qui s'imprime – la composer et la voir sortir, la tirer, belle de sa pureté virginale, d'une machine rotative. Ces superbes machines – instruments de torture pour l'enfant qui les sert aujourd'hui du matin au soir – deviendront une source de jouissances pour ceux qui les emploieront afin de donner des voix à la pensée de leur auteur favori.

La littérature y perdra-t-elle quelque chose ? Le poète sera-t-il moins poète après avoir travaillé dans les champs, ou collaboré de ses mains à multiplier son œuvre ? Le romancier perdra-t-il de sa connaissance du cœur humain après avoir coudoyé l'homme dans l'usine, dans la forêt, au tracé d'une route et dans l'atelier ? Poser ces questions, c'est y répondre.

La Conquête du pain

Kropotkine : « Une voie qui ne répond ni à leur tempérament ni à leurs capacités »

Ainsi quand on parle de fainéantise possible, il faut bien comprendre qu'il s'agit d'une minorité, d'une infime minorité dans la société. Et avant de légiférer contre cette minorité, ne serait-il pas urgent d'en connaître l'origine ?

Quiconque observe d'un regard intelligent sait très bien que l'enfant réputé paresseux à l'école est souvent celui qui comprend mal ce qu'on lui enseigne mal. Très souvent encore, son cas provient d'anémie cérébrale, suite de la pauvreté et d'une éducation anti-hygiénique.

Tel garçon, paresseux pour le latin et le grec, travaillerait comme un nègre si on l'initiait aux sciences, surtout par l'intermédiaire du travail manuel. Telle fillette réputée nulle en mathématiques devient la première mathématicienne de sa classe si elle est tombée par hasard sur quelqu'un qui a su saisir et lui expliquer ce qu'elle ne comprenait pas dans les éléments de l'arithmétique. Et tel ouvrier, nonchalant à l'usine, bêche son jardin dès l'aube en contemplant le lever du soleil, et le soir à la nuit tombante, quand toute la nature rentre dans son repos.

Quelqu'un à dit que la poussière est de la matière qui n'est pas à la place. La même définition s'applique aux neuf dixièmes de ceux qu'on nomme paresseux. Ce sont des gens égarés dans une voie qui ne répond ni à leur tempérament ni à leurs capacités.

La Conquête du pain.

7. La morale sociale

L'accusation d'amoralisme colle à la peau des penseurs anarchistes. Là encore, il s'agit, au mieux, d'une confusion avec l'anarchisme de droite de Stirner et de Nietzsche ou, au pire, d'un travestissement de la réalité, fondé pour une grande part sur l'ignorance des textes des grands théoriciens de l'anarchisme politique.

En réalité, que nous apprennent ces textes ?

Tout d'abord, que les théoriciens libertaires ont tous conçu une morale en rapport direct avec leurs grandes intuitions économiques et politiques. Ensuite, que ces différents essais de morale tournent tous autour de la notion d'égalité qui est véritablement au cœur de leur réflexion. Enfin, que cette morale ne se confond pas avec une petite éthique individuelle et bourgeoise, car elle se veut de part en part sociale, collective, progressiste.

Il est clair que Proudhon, très tôt, élabore l'idée d'une morale naturelle fondée sur la sociabilité, la justice, l'équité et qu' il en vient ensuite à définir la notion de Justice au plan du droit pour l'étendre à tous les domaines de la réalité. Plus tard Bakounine défendra l'idée d'une morale de la fraternité entre tous les travailleurs, ainsi que celle de la confiance mutuelle et de l'entraide à l'intérieur de l'organisation révolutionnaire, vue comme un modèle pour la société future. Il reviendra à Kropotkine de fonder le sentiment moral de l'entraide sur des bases naturelles, matérialistes, évolutionnistes. Après avoir poussé l'idée proudhonienne d'égalité et de réciprocité, par ses recherches scientifiques, à un niveau inégalé, il parviendra à définir les fondements d'une morale supérieure qui va au-delà de la simple entraide. Donner sans attendre rien en retour, c'est cette morale de la générosité qu'il nomme, lui-même, la véritable morale.

PROUDHON : « Sociabilité, justice, équité »

Sociabilité, justice, équité, telle est, à son triple degré, l'exacte définition de la faculté instinctive qui nous fait rechercher le commerce de nos semblables, et dont le mode physique de la manifestation s'explique par la formule : *Egalité dans les produits de la nature et du travail.*

Ces trois degrés de sociabilité se soutiennent et se supposent : l'équité, sans la justice, n'est pas ; la société, sans la justice, est un non-sens. En effet si, pour récompenser le talent, je prends le produit de l'un pour le donner à l'autre, en dépouillant injustement le premier, je ne fais pas de son talent l'estime que je dois ; si, dans une société, je m'adjuge une part plus forte qu'à mon associé, nous en sommes point véritablement associés. La justice et la sociabilité se manifestant par l'admission en participation des choses physiques, seules susceptibles de poids et de mesure ; l'équité est une justice accompagnée d'admiration et d'estime, choses qui ne se mesurent pas.

De là se déduisent plusieurs conséquences :

1° Si nous sommes libres d'accorder notre estime à l'un plus qu'à l'autre, et à tous les degrés imaginables, nous ne le sommes pas de lui faire sa part plus grande dans le bien commun, parce que le devoir de justice nous étant imposé avant celui d'équité, le premier doit toujours marcher avant le second. Cette femme, admirée des anciens, qui, forcée par un tyran d'opter entre la mort de son frère et celle de son époux, abandonna celui-ci, sous prétexte qu'elle pouvait retrouver un mari mais non pas un frère, cette femme là, dis-je, en obéissant au sentiment d'équité qui était en elle, manqua à la justice et fit une action mauvaise, parce que la société conjugale est de droit plus étroite que la société fraternelle, et que la vie du prochain n'est pas une chose qui nous appartienne.

D'après le même principe, l'inégalité des salaires ne peut être admise dans la législation sous prétexte d'inégalité des talents, parce que la répartition des biens relevant de la justice est du ressort de l'économie, non de celui de l'enthousiasme.

Qu'est ce que la propriété ? premier mémoire

PROUDHON : « La Justice est le respect, spontanément éprouvé et réciproquement garanti, de la dignité humaine »

Nous pouvons maintenant donner la définition de la Justice ; plus tard, nous en constaterons la RÉALITÉ.

1. L'homme, en vertu de la raison dont il est doué, a la faculté de sentir sa dignité dans la personne de son semblable, comme dans sa propre personne, de

s'affirmer tout à la fois comme individu et comme espèce.

2. La Justice est le produit de cette faculté : c'est *le respect, spontanément éprouvé et réciproquement garanti, de la dignité humaine, en quelque personne et dans quelque circonstance qu'elle se trouve compromise, et à quelque risque que nous expose sa défense.*

3. Le respect est au plus haut degré chez le barbare, qui y supplée par la religion ; il se glorifie et se développe chez le civilisé, qui pratique la Justice pour elle-même, et s'affranchit incessamment de tout intérêt personnel et de toute considération divine.

4. Ainsi conçue, la Justice, rendant toutes conditions équivalentes et solidaires, identifiant l'homme et l'humanité, est virtuellement adéquate à la béatitude, principe et fin de la destinée de l'homme.

5. De la définition de la Justice se déduit celle du droit et du devoir.

Le droit est pour chacun la faculté d'exiger des autres le respect de la dignité humaine dans sa personne ; le devoir, l'obligation pour chacun de respecter cette dignité en autrui.

Au fond, droit et devoir sont termes identiques, puisqu'ils sont toujours l'expression du respect, exigible ou dû ; exigible parce qu'il est dû, dû parce qu'il est exigible : ils ne diffèrent que par le sujet : moi ou toi en qui la dignité est compromise.

De la Justice dans la Révolution et dans l'Église

Bakounine : « Contrôle fraternel et commun, confiance fraternelle mutuelle »

2. Egalité des droits de tous les membres et solidarité sans réserve et absolue (un pour tous et tous pour un), avec l'obligation de tous et de chacun de s'entraider, de se soutenir et de venir au secours de chaque membre jusqu'à la limite du possible, mais sans mettre en danger l'existence même de la Société.

3. Franchise absolue entre les membres. Tout jésuitisme est banni de leurs rapports, de même que les méthodes perfides et déloyales telles que l'odieuse méfiance, la surveillance mutuelle, l'espionnage et les dénonciations réciproques, toute critique derrière le dos étant rigoureusement interdite. Si un affilié à quelque chose à reprocher à un autre affilié, il doit le faire à l'assemblée générale et en sa présence. Contrôle fraternel et commun de chacun par tous, contrôle en aucun cas tracassier, mesquin et surtout haineux, lequel remplacera votre système de contrôle jésuitique, et deviendra une éducation morale, un soutien de la force d'âme de chaque membre et le fondement d'une confiance fraternelle mutuelle, sur laquelle reposera toute la force intérieure et partant extérieure de la Société.

Lettre de Bakounine à Netchaïev
(2 juin 1870, Locarno)

Bakounine : « Rien n'est aussi dangereux pour la morale privée de l'homme que l'habitude du commandement »

Rien n'est aussi dangereux pour la morale privée de l'homme que l'habitude du commandement. Le meilleur homme, le plus intelligent, le plus désintéressé, le plus généreux, le plus pur, se gâtera infailliblement et toujours à ce métier. Deux sentiments inhérents au pouvoir ne manquent jamais de produire cette démoralisation : *le mépris des masses populaires* et *l'exagération de son propre mérite*.

Les masses, reconnaissant leur incapacité de se gouverner par elles-mêmes, m'ont élues pour leur chef. Par là elles ont hautement proclamé leur *infériorité* et ma *supériorité*. Parmi cette foule d'hommes, reconnaissant moi-même à peine quelques égaux, je suis seul capable de diriger la chose publique. Le peuple a besoin de moi, il ne peut se passer de mes services, tandis que je me suffis à moi-même ; il doit donc m'obéir pour son propre salut et, en déniant lui commander, je fais son bonheur. Il y a de quoi perdre la tête et le cœur aussi et devenir fou d'orgueil, n'est-ce pas ? C'est ainsi que le pouvoir et l'habitude du commandement deviennent pour les hommes, même les plus intelligents et les plus vertueux, une source d'aberration à la fois intellectuelle et morale.

Fédéralisme, Socialisme et Antithéologisme

KROPOTKINE : « L'égalité dans les rapports mutuels et la solidarité... voilà l'arme la plus puissante du monde animal »

D'ailleurs, ce principe de traiter les autres comme on veut être traité soi-même, qu'est-il, sinon le principe même de l'Egalité, le principe fondamental de l'Anarchie ? Et comment peut-on seulement arriver à se croire anarchiste sans le mettre en pratique ?

Nous ne voulons pas être gouvernés. Mais, par cela même, ne déclarons-nous pas que nous ne voulons gouverner personne ? Nous ne voulons pas être trompés, nous voulons qu'on nous dise toujours rien que la vérité. Mais, par cela même, ne déclarons-nous pas que nous-mêmes ne voulons tromper personne, que nous nous engageons à dire toujours la vérité, rien que la vérité, toute la vérité ? Nous ne voulons pas que l'on nous vole les fruits de notre labeur, mais, par cela même, ne déclarons-nous pas respecter les fruits du labeur d'autrui ?

De quel droit, en effet, demanderions-nous qu'on nous traitât d'une certaine façon, en nous réservant de traiter les autres d'une façon tout à fait différente ? Serions-nous, par hasard, cet « os blanc » des Kirghizes qui peut traiter les autres comme bon lui semble ? Notre simple sentiment d'égalité se révolte à cette idée.

L'égalité dans les rapports mutuels et la solidarité qui en résulte nécessairement – voilà l'arme la plus puissante du monde animal dans la lutte pour l'existence. Et l'égalité, c'est l'équité.

En nous déclarant anarchistes, nous proclamons d'avance que nous renonçons à traiter les autres comme nous ne voudrions pas être traités par eux ; que nous ne tolérerons plus l'inégalité qui permettrait à quelques-uns d'entre nous d'exercer leur force, ou leur ruse, ou leur habileté, d'une façon qui nous déplairait à nous-mêmes. Mais l'égalité en tout, synonyme d'équité, c'est l'anarchie même. Au diable l'« os blanc » qui s'arroge le droit de tromper la simplicité des autres ! Nous n'en voulons pas, et nous le supprimerons au besoin. Ce n'est pas seulement à cette trinité abstraite de Loi, de Religion et d'Autorité que nous déclarons la guerre. En devenant anarchistes, nous déclarons la guerre à tout ce flot de tromperie, de ruse, d'exploitation, de dépravation, de vice, d'inégalité en un mot, qu'elles ont déversé dans les cœurs de nous tous. Nous déclarons la guerre à leur manière d'agir, à leur manière de penser. Le gouverné, le trompé, l'exploité, la prostituée, et ainsi de suite, blessent avant tout nos sentiments d'égalité. C'est au nom de l'Égalité que nous ne voulons plus ni prostituées, ni exploités, ni trompés, ni gouvernés.

La Morale anarchiste

Kropotkine : « L'entraide, la justice, la morale »

L'entraide, la justice, la morale, tels sont les degrés de la série ascendante des états psychiques que nous fait connaître l'étude du monde animal et de l'homme. Elles sont une nécessité *organique*, qui porte en *elle-même* sa justification et que confirme toute l'évolution du monde animal et de l'homme, depuis ses premiers échelons (sous forme de colonies de protistes), en s'élevant graduellement jusqu'aux sociétés humaines les plus parfaites. Et nous pouvons dire que c'est là une *loi générale et universelle de l'évolution organique*, qui fait que les sentiments d'entraide, de justice et de morale sont profondément enracinés dans l'homme, avec la toute puissance d'instincts innés. Le premier des trois, l'instinct d'entraide, est évidemment le plus fort ; le troisième, le plus tardivement apparu, est un sentiment inconstant et considéré comme le moins obligatoire.

De même que le besoin de nourriture, d'abri et de sommeil, ces trois instincts sont des instincts de conservation. Certes, ils peuvent de temps en temps et sous l'influence de certaines conditions se trouver affaiblis, nous connaissons de nombreux exemples d'un tel affaiblissement, dû à des causes particulières, dans tel groupe animal ou telle société humaine. Mais alors, ce groupe est invariablement vaincu dans la lutte pour l'existence : il va vers sa décadence. Et s'il n'en revient pas aux conditions nécessaires à la survie et à l'évolution progressive, c'est-à-dire à l'entraide, à la justice, à la morale, il va – qu'il s'agisse de peuplade ou d'espèce – dégénérer ou disparaître. N'ayant pas rempli la condition nécessaire de l'évolution progressive, il doit inévitablement aller vers la décadence et la disparition.

Telle est la base solide que nous fournit la science pour l'élaboration et la justification d'un nouveau système d'éthique.

L'Éthique

8. La place de la science dans la société

Le XIXe siècle est le siècle de la confiance dans le progrès et dans la science. On peut même dire de ce point de vue qu'en ce siècle s'est constituée une véritable religion de la science en opposition à la religion chrétienne obscurantiste et rétrograde. Pourtant, si les penseurs libertaires ont été de solides soutiens de la science et parfois des découvreurs importants dans les domaines des sciences humaines et naturelles, ils ont été également des auteurs critiques par rapport à certains aspects autori-

taires de la science dont ils observaient ou prévoyaient les dérives possibles. Notons la récurrence des critiques de Proudhon à l'égard d'une certaine conception de l'économie politique qui fut pour lui la science reine mais qu'il ne cessa de vouloir révolutionner en y introduisant l'idée de justice, de réciprocité, de crédit et de garantie mutuelle (d'où ses polémiques avec les grands économistes classiques et de son temps). Notons également les réserves de Bakounine qui entrevoit le potentiel autoritaire d'une science confisquée par des hommes d'autorité, fussent-ils progressistes, ce qui pourrait conduire au sacrifice des individus au nom d'abstractions autoproclamées « scientifiques ». Remarquons de plus les réserves de Kropotkine à l'égard d'une science économique qui néglige l'aspect conditionnel de ses lois et dogmatise trop facilement. N'oublions pas enfin que Kropotkine lui-même ne fait émerger sa théorie de l'entraide qu'en opposition aux interprétations classiques du darwinisme et de l'évolutionnisme comme justification malthusienne de l'élimination des pauvres dans le cadre de la société capitaliste. Nous aurons alors le portrait de penseurs à l'esprit rationnel, scientifique, mais toujours ouvert, critique et antidogmatique.

PROUDHON : « Dans l'économie politique… la notion du droit n'entrait pour rien »

En feuilletant le catalogue de la bibliothèque de l'Institut, je tombai sur cette division : ÉCONOMIE POLITIQUE. Il y avait juste quatre-vingts ans que Quesnay avait publié son *Tableau* sans que j'en eusse entendu parler. Qui sont ces gens-ci ? me dis-je. Et je me mis à lire.

La lecture des économistes m'eût bientôt convaincu de deux choses, pour moi, d'une importance capitale :

La première que, dans la seconde moitié du XVIIe

siècle, une science avait été signalée et fondée en dehors de toute tradition chrétienne et de toute suggestion religieuse, science qui avait pour objet de déterminer, indépendamment des coutumes établies, des hypothèses légales, des préjugés et routine régissant la matière, les lois naturelles de la *production*, de la DISTRIBUTION et de la *consommation* des richesses. C'était, Pardieu !, mon affaire.

L'autre chose dont je restai également convaincu, c'est que dans l'économie politique, telle qu'il avait été donné aux fondateurs de la concevoir et qu'elle enseignait par leurs disciples, la notion du droit n'entrait pour rien, les auteurs se bornant à exposer les faits de la pratique, tels qu'ils se passaient sous leurs yeux, et en déduisant les conséquences indépendamment de leur accord où de leur désaccord avec la Justice.

De la Justice dans la Révolution et dans l'Église

BAKOUNINE : « La Science la plus rationnelle et la plus profonde ne peut deviner les formes que prendra la vie sociale dans l'avenir »

La science la plus rationnelle et la plus profonde ne peut deviner les formes que prendra la vie sociale dans l'avenir. Elle peut seulement définir les facteurs négatifs qui *découlent* logiquement d'une rigoureuse critique de la société actuelle. Ainsi, la science socio-économique, procédant à cette critique, en est arrivée à la négation de la propriété individuelle héréditaire et, par conséquent, au concept abstrait, et pour ainsi dire *négatif*, de la propriété collective comme condition nécessaire du futur système social. De la même manière, elle en est venue à nier la notion même de l'État et du système étatique, c'est-à-dire de tout système consistant à gouverner la société de haut en bas au nom d'un prétendu droit théologique ou métaphysique, divin ou scientifique et, par suite, à émettre le concept diamétralement opposé et, partant, négatif, à savoir : l'anarchie, c'est-à-dire l'organisation libre et autonome de toutes les unités ou parties séparées composant les communes et leur libre fédération fondée, de bas en haut, non sur l'injonction de quelque autorité que ce soit, même élue, pas plus que sur les formulations d'une théorie savante quelle qu'elle soit, mais en conséquence du développement naturel des besoins de toutes sortes que la vie elle-même aura fait apparaître.

Aucun savant n'est donc en mesure d'enseigner au peuple, ou de définir pour lui-même, ce que sera ou devra être le mode de vie du peuple au lendemain de la révolution sociale. Ce mode de vie sera déterminé, en premier lieu, par la situation de chaque peuple et, en second lieu, par les besoins qui naîtront en chacun d'eux et se manifesteront avec le plus de force, donc pas du tout par des directives ou des notes explicatives venues d'en haut et d'une manière générale par des théories quelles qu'elles soient, conçues la veille de la Révolution.

Étatisme et Anarchie

BAKOUNINE : « La Science doit renoncer au gouvernement des sociétés »

L'immense avantage de la science positive sur la théologie, la métaphysique, la politique et le droit juridique consiste en ceci : qu'à la place des abstractions mensongères et funestes, prônées par ces doctrines, elle pose des abstractions vraies qui expriment la nature générale et la logique des choses, leurs rapports généraux et les lois générales de leur développement. Voilà ce qui lui assurera toujours une grande position dans la société. Elle constituera en quelque sorte sa conscience collective ; mais il est un côté par lequel elle ressemble à toutes les doctrines antérieures : n'ayant et ne pouvant avoir pour objet que des abstractions, elle est forcée par sa nature même d'ignorer les hommes réels, en dehors desquels les abstractions les plus vraies n'ont point d'existence. Pour remédier à ce défaut radical, la science de l'avenir devra procéder autrement que les doctrines du passé. Celles-ci se sont prévalues de l'ignorance des masses pour les sacrifier avec volupté à leurs abstractions, d'ailleurs toujours très lucratives pour ceux qui les représentent en chair et os. La science positive, reconnaissant son incapacité absolue de concevoir les individus réels et de s'intéresser à leur sort, doit définitivement et absolument renoncer au gouvernement des sociétés, car si elle s'en mêlait, elle ne pourrait faire autrement que de sacrifier toujours les hommes vivants, qu'elle ignore, à des abstractions qui font l'unique objet des ses légitimes préoccupations.

Dieu et l'État

BAKOUNINE : « L'unique mission de la science c'est d'éclairer la route »

La vraie science de l'histoire n'existe pas encore ; c'est à peine si on commence à en entrevoir aujourd'hui les conditions extrêmement compliquées. Mais supposons-la définitivement faite, que pourra-t-elle nous donner ? Elle rétablira le tableau fidèle et raisonné des conditions générales, matérielles et idéales, économiques, politiques et sociales, religieuses, philosophiques, esthétiques et scientifiques des sociétés qui eurent une histoire. Mais ce tableau de la civilisation humaine, si détaillé qu'il soit, ne pourra jamais contenir que des appréciations générales et par conséquent *abstraites*. Les milliards d'individus qui ont fourni la matière vivante et souffrante de cette histoire à la fois triomphante et lugubre, triomphante par l'immense hécatombe de victimes humaines « écrasées sous son char », ces milliards d'obscurs individus, sans lesquels aucun des grands résultats de l'histoire n'eût été obtenu, et qui, notons le bien, n'ont jamais profité de ces résultats, ne trouveront pas la moindre place dans nos annales. Ils ont vécu et ils ont été sacrifiés pour le bien de l'humanité abstraite, voilà tout !

Faudra-t-il en faire reproche à la science de l'histoire ? Ce serait injuste et ridicule. Les individus sont insaisissables par la pensée, par la réflexion, même par la parole humaine, qui n'est capable de n'exprimer que des abstractions ; ils sont insaisissables dans le présent aussi bien que dans le passé. Donc la science sociale elle-même, la science de l'avenir, continuera fortement de les ignorer. Tout ce que nous avons le droit d'exiger d'elle, c'est qu'elle nous indique d'une main fidèle et sûre les *causes générales des souffrances individuelles* – et parmi ces causes, elle n'oubliera pas l'immolation et la subordination encore trop fréquentes, hélas ! des individus vivants aux généralités abstraites ; et en même temps elle nous montrera les *conditions générales nécessaires à l'émancipation réelle des individus vivant dans la société !* Voilà sa mission ; voilà aussi ses limites, au-delà desquelles l'action de la science sociale ne pourrait qu'être impuissante et funeste. Au-delà de ces limites commencent les prétentions doctrinaires et gouvernementales de ses représentants patentés, de ses prêtres. Il est temps d'en finir avec ces pontifes, dussent-ils même se donner le nom de démocrates-socialistes.

Encore une fois, l'unique mission de la science, c'est d'éclairer la route. Mais, délivrée de toutes ses entraves gouvernementales et doctrinaires, et rendue à la plénitude de son action, la vie seule peut créer.

Dieu et l'État

KROPOTKINE : « La Science de l'économie politique doit être constituée différemment »

Jusqu'à présent, l'économie politique a toujours été l'énumération de ce qui arrive dans de pareilles conditions, mais sans énumérer et analyser les conditions elles-mêmes, sans examiner *comment* ces conditions agissent dans chaque cas particulier, ni ce qui maintient ces conditions. Alors même que ces conditions étaient mentionnées quelque part, c'était pour les oublier le moment d'après. Mais les économistes ne se bornèrent pas à cet oubli. Ils représentèrent *les faits qui se produisent à la suite de ces conditions comme des lois fatales, immuables.*

Quant à l'économie politique socialiste, elle critique, il est vrai, certaines de ces conclusions, ou bien elle en explique différemment certaines autres ; mais elle commet tout le temps le même oubli, et en tout cas elle n'a pas encore tracé un chemin qui lui fût propre. Elle reste dans l'ancien cadre, elle suit les mêmes ornières. Le plus qu'elle ait fait (avec Marx), c'est de prendre les *définitions* de l'économie politique métaphysique et bourgeoise et de dire : « Vous voyez bien que même en acceptant vos définitions, on arrive à prouver que le capitaliste exploite l'ouvrier ! » Ce qui sonne bien, peut-être, dans un pamphlet, mais n'a rien à voir avec la science.

En général, nous pensons que la *science* de l'économie politique doit être constituée différemment. Elle doit être traitée *comme une science naturelle* et elle doit se poser un but nouveau. Elle doit occuper, par rapport aux sociétés humaines, une position analogue à celle qu'occupe la physiologie par rapport aux plantes et aux animaux. Elle doit devenir *une physiologie de la société.* Elle doit se poser pour but l'étude des besoins toujours croissants de la société et des divers *moyens* employés pour les satisfaire. Elle doit analyser ces moyens, pour voir jusqu'à quel point ils étaient autrefois et sont aujourd'hui appropriés au but ; et ensuite, puisque le but final de toute science est la prédiction, l'application à la vie pratique (Bacon l'avait déjà dit il y a bien longtemps), elle doit étudier les moyens de mieux satisfaire la somme des besoins modernes : les moyens d'obtenir avec la moindre dépense d'énergie (avec *économie*) les meilleurs résultats pour l'humanité en général.

La Science moderne et l'Anarchie

KROPOTKINE : « Ce qu'ils ont fait de Darwin est abominable »

Lorsque Huxley publia, en 1888, son manifeste de lutte pour la vie (*Struggle for existence an its bearing upon man*), qui, à mon avis, donnait une interprétation très incorrecte des faits de la nature, tels que nous les voyons dans la brousse et dans la forêt, je me mis en rapport avec le directeur de la revue *Nineteenth Century*, lui demandant s'il voudrait publier une réfutation méthodique des opinions d'un des plus éminents darwinistes. M. James Knowles reçut cette proposition avec la plus grande sympathie. J'en parlai aussi à W. Bates, le grand collaborateur de Darwin. « Oui, certainement ; c'est là le vrai darwinisme, répondit-il ; ce qu'ils ont fait de Darwin est abominable. Écrivez ces articles, et quand ils seront imprimés, je vous écrirai une lettre que vous pourrez publier.» Malheureusement je mis près de sept ans à écrire ces articles et, quand le dernier parut, Bates était mort.

Après avoir examiné l'importance de l'entraide dans les différentes classes d'animaux, je dus examiner le rôle du même facteur dans l'évolution de l'homme. Ceci était d'autant plus nécessaire qu'un certain nombre d'évolutionnistes, qui ne peuvent refuser d'admettre l'importance de l'entraide chez les animaux, refusent, comme l'a fait Herbert Spencer, de l'admettre chez l'homme. Chez l'homme primitif, soutiennent-ils, la guerre de chacun contre tous était la loi de la vie.

L'Entraide

KROPOTKINE : « L'entraide… une vérité scientifique établie »

Les éléments pour cette nouvelle compréhension de la morale existent déjà. L'importance de la sociabilité et de l'entraide dans l'évolution animale et dans l'histoire de l'humanité peut, il me semble, être admise comme une vérité scientifique établie, exempte d'hypothèses. Nous pouvons ensuite considérer comme prouvé qu'à mesure que l'entraide devient, dans la société humaine, un usage établi, pratiqué pour ainsi dire instinctivement, cette pratique même conduit à développer le sentiment de la justice, avec son corollaire obligé, le sentiment de l'égalité ou de l'équité, et l'aptitude à contenir ses pulsions au nom de cette égalité. L'idée que les droits individuels de tout homme sont aussi inviolables que les droits naturels de tout autre se développe à mesure que disparaissent les distinctions de classes. Cette idée devient une notion courante lorsqu'une transformation correspondante se fait dans les institutions sociales.

L'Éthique

Chronologies

Pierre-Joseph Proudhon

(Besançon, 1809-Paris,1865)

1809 (janvier) : Naissance à Besançon.
1809-1819 : Enfant non scolarisé. Travaux des champs.
1819-1827 : Études secondaires interrompues faute d'argent.
1828 : Ouvrier typographe, il se cultive en autodidacte.
1830-1833 : « Tour de France » : Neuchâtel, Draguignan, Lyon, Marseille, Toulon, Besançon. Passionné par l'Histoire, le Droit et l'Économie.
1836-1838 Fondation d'une imprimerie, qui périclite rapidement.
1840 : *Qu'est-ce que la propriété ? Premier mémoire.* Menacé de poursuites.
1841 : *Second Mémoire sur la propriété.*
1842 : *Avertissement aux propriétaires.* Mandat d'amener. Procès. Acquittement.
1845 : Installation à Paris. Rencontre les socialistes français et européens : Blanqui, Louis Blanc, Marx ; amitié avec Karl Grün, qui lui fait découvrir les grands philosophes allemands.
1846 : *Philosophie de la misère.*
1848 : Participe à l'insurrection parisienne. Élu à l'assemblée. *Solution du problème social.*
1849 : Fondation de la « Banque du peuple ». Échec rapide. Les sociétaires sont tous remboursés. Mariage. Nombreux articles dans *La Voix du peuple.*
1849 : Condamnation à trois ans de prison et 10 000 francs d'amende. Fuite en Belgique, puis retour clandestin. Arrêté, incarcéré avec Blanqui, Barbès. Mis plusieurs fois au secret ; maladie pulmonaire contractée en prison.

1849-1852 : Nombreux articles dans *La Voix du peuple*, sortis en cachette des gardiens.
1851 : *Idée générale de la Révolution au* XIXe *siècle*, (Écrit en prison).
1852-1857 : Libération. Difficultés financières. Santé fragile. Mort de deux de ses petites filles.
1852 : Publication de *La Révolution sociale démontrée par le coup d'État du 2 décembre*. Proudhon reniera très vite ce texte et continuera toute sa vie à être poursuivi par le pouvoir impérial.
1858 : *De la Justice dans la Révolution et dans l'Église*. Immédiatement saisi à Paris, Berlin et Hambourg. Nouvelle condamnation à trois ans de prison et 4000 francs d'amende. Départ pour Bruxelles (où il va rester jusqu'à une amnistie obtenue en 1861)
1861 : Retour à Paris. Difficultés de santé. Difficultés financières.
1863 : *Du principe fédératif et de la nécessité de reconstruire le Parti de la Révolution*.
1864 : Toux permanente. Travaille à plusieurs ouvrages, particulièrement *De la Capacité des classes ouvrières* et *Théorie de l'impôt*, publiés en 1865 et 1866.
1865 (janvier) : mort à Paris.

Mikhail Alexandrovitch Bakounine

(Priamoukino, Russie, 1814-Berne, Suisse, 1876)

1814 : Naissance à Priamoukino. Petite noblesse provinciale
1828 : École d'artillerie.
1835 : Officier de l'armée du tsar. Déserte et part étudier la philosophie à Berlin, puis s'enfuit en Suisse pour échapper à la police.
1846-1847 : Arrivée à Paris. Se mêle aux milieux socialistes de l'époque. Rencontre Proudhon. Relation difficile avec Marx. Fuite en Belgique pour raisons de sécurité.

1848 : Participe à l'insurrection parisienne de février, puis part à Prague où il combat, les armes à la main. Échec de cette révolution.
1849 : Passe à Dresde où il participe là aussi à l'insurrection. Capturé et emprisonné, puis condamné à mort, il est finalement livré aux Russes deux ans plus tard par les autorités autrichiennes.
1851-1857 : Mis au secret pendant six ans dans les cachots de réclusion de la forteresse Pierre et Paul. Malnutrition, scorbut, désespoir. Obtient d'être déporté en Sibérie en échange d'une lettre de pénitence, exigée par le tsar.
1861 : S'évade en se cachant au fond de la cale d'un bateau américain ancré à Vladivostok. Retour à Londres via les États-Unis. Retrouve son ami Herzen, et aussi Marx, avec lequel il a toujours les mêmes divergences d'analyse.
1864 : À Paris, il revoit Proudhon, qu'il admire, puis part en Suisse, pays plus sûr pour les révolutionnaires recherchés. Travail d'organisation et de propagande.
1867 : Écrit *Fédéralisme, Socialisme et Antithéologisme.*
1868 : Fait entrer les fédérations italiennes, suisses et françaises, d'obédience plutôt proudhoniennes, dans l'Internationale fondée par Karl Marx et Eugène Varlin.
1869 : Écrit *De la Coopération.*
1870 : Participe aux événements de la Commune de Lyon en octobre. Capturé les armes à la main, il échappe de peu à une exécution sommaire grâce à une contre-attaque des insurgés. Ensuite, départ pour Marseille, puis la Suisse à nouveau.
1870 : Écrit *Dieu et l'État.*
1871 : Écrit *La Commune de Paris et la notion d'État.*
1872 : Les sections latines bakouninistes sont exclues de L'Internationale. Rupture définitive du communisme marxiste et du communisme libertaire.
1873 : Écrit *Étatisme et Anarchie.*
1876 : Mort à Berne.

Piotr Alexeïevitch Kropotkine

(Moscou, 1842-Dmitrov, 1921)

1842 : Naissance à Moscou. Très vieille famille royale ukrainienne et cosaque, grande propriétaire foncière.
1850-1857 : Enfance privilégiée, mais père borné et indifférent.
1857-1862 : Entre à l'école des cadets, puis est nommé premier page du tsar Alexandre II en raison de ses brillants résultats.
1861 : Décret de libération des serfs. Kropotkine participe aux « écoles du dimanche » des *Narodniki*.
1863 : Sympathie pour l'insurrection polonaise, sauvagement réprimée par les armées russes. Demande à être affecté en Sibérie orientale.
1864 : Rapport sur le régime carcéral russe. Rapport sur les famines paysannes de l'Oussouri. Rapport sur les défauts de la gestion municipale en Sibérie. Aucune suite à ses propositions de réforme.
1864-1866 : Cinq missions d'exploration en Transbaïkalie. Plusieurs découvertes scientifiques importantes.
1867 : Retour à Saint-Pétersbourg. Quitte l'Armée et entre à l'Université de Géographie.
1872 : Décès de son père. Départ immédiat pour la Suisse, afin de proposer ses services à l'AIT à laquelle il adhère dans une section de la tendance proudhonienne et bakouniniste.
1872-1874 : Retour en Russie. Action clandestine d'organisation et de propagande en milieu ouvrier et paysan, sous le nom de « Borodine ». Premier texte important à usage interne des « cercles Tchaïkosky » : *Sur la recherche future de l'idéal.*
1874 (décembre) : Capturé, identifié et placé en cellule de réclusion à régime sévère à la forteresse Pierre et Paul. Anémie, rhumatismes aigus, problèmes pulmonaires.

1876-1883 : Évasion, fuite en Angleterre, où il vit un temps sous un autre nom d'emprunt, Alexis Levachov. Participe à des revues scientifiques, reprend contact avec les milieux révolutionnaires en exil et l'AIT.
1881 : Passe en Belgique puis en France. Travail clandestin de propagande et d'organisation.
1883-1886 : Capturé par la police française, il est Immédiatement condamné et incarcéré à Clairvaux. Réclusion, régime alimentaire sévère. Anémie, scorbut, affection pulmonaire. Kropotkine, mourant, est gracié et libéré à la suite des actions de protestation menées à l'Assemblée par Victor Hugo et Clemenceau. Publication par Élisée Reclus de *Paroles d'un révolté* en 1885.
1886-1917 : Longue période de trente années en Angleterre, consacrées à l'étude et au soutien aux révolutionnaires de monde entier. Notoriété mondiale à la fois comme scientifique et comme leader du « communisme anarchiste » international. Publie ses plus importants ouvrages : *La Conquête du pain* (1892), *Champs, usines et ateliers* (1898), *L'Entraide* (1902) *Communisme et Anarchie* (1903), *La Grande Révolution française* (1909), *La Science moderne et l'Anarchie* (1913).
1914 : Erreur stratégique gravissime de Kropotkine, qui prend position pour la France et appelle à la guerre contre la dictature prussienne. Désarroi et crise immédiate du mouvement anarcho-communiste.
1917 (mars) : Retour en Russie ; entêtement en faveur de la guerre. Rupture de fait avec le mouvement populaire pacifiste et antitsariste.
1917 (octobre) : Soutien à la Révolution, prise de position officielle contre l'intervention alliée, contacts avec Lénine, mais désaccord sur la question de l'État. Kropotkine, malade, s'installe à Dmitrov, où il poursuit ses travaux, puis meurt d'une attaque cérébrale.
1921 (février) : Obsèques à Moscou. Le cortège funèbre atteint 100 000 personnes. Dernière manifestation non contrôlée de l'histoire de l'URSS.

TABLE DES MATIÈRES

Achevé d'imprimer en août 2008
sur les presses de la Nouvelle Imprimerie Laballery
58500 Clamecy
Dépôt légal : août 2008
Numéro d'impression : 808022

Imprimé en France

La Nouvelle Imprimerie Laballery est titulaire du label Imprim'Vert®